돈의 재능

TALENT OF MONEY

경제적 자유를 위한 인생 전략서

돈의 재능

고도 토키오 지음
한은미 옮김

How to make money without worries in your whole life

도토리하우스

평생 돈 걱정에서 해방되는 기술 습득하기

돈의 재능이란?

여러분은 '돈의 재능'이라는 말을 들었을 때 어떤 느낌이 드시나요?

'절약하기'라거나 '돈의 재능 따위는 나에게 없어!', '나에게는 어려울 것 같다'라는 등의 여러 가지 의견이 있을 것입니다. 이 책에서 필자가 말하고자 하는 '재능'은 돈을 '절약'한다거나 '저축'을 하는 것처럼 단순한 것이 아닙니다. 그렇다고 해서 돈에 대한 '재능'을 갖는다는 것이 어려울 것처럼 생각되지만 사실 누구나 가질 수 있는 재능이라고 말할 수 있습니다.

돈의 재능이란, 이른바 '상식'이라는 고정관념에서 벗어나서 충실한 인생을 살기 위해서 돈이라는 도구를 자유자재로 다루는 능력을 말하는 것입니다.

그럼, 다음 중에서 어느 것이 정답일까요?

'불경기에는 절약해야 한다.'

'장기 분산투자가 답이다.'

'자산운용을 하지 않으면 노후가 보장되지 않는다.'

'초보자는 투자신탁을 해야 한다.'

사실은 모두 틀렸습니다.

그 이유는 이러한 생각들은 누군가에 의해 만들어진 상식에 지나지 않기 때문입니다. 여기에 대해서는 본문에서 자세히 설명하기로 하겠습니다.

또, '쓰지도 않을 물건을 사고 말았어', '모두들 좋다고 해서 산 금융상품이 깡통이 되고 말았어', '회사만 믿고 일 했는데 하루아침에 실업자가 되었어', '일류대학을 나왔는데 연봉은 계속 깎이기만 해….'

이런 일이 일어나는 이유는 남들이 만든 상식을 따랐고 남들이 만든 시스템에 편승해서 살아왔기 때문입니다. 따라서 우리가 제일 먼저 해야 할 일은 그러한 사회적 통념의 저주로부터 자신을 해방하는 일입니다.

최근에 직장인들 사이에서는 '워라벨(일과 삶의 균형, Work-life balance)'이나 '야근 거부', '쉽게 실적 올리는 법' 등에 대한 화제가 자주 거론됩니다. 이것은 무엇을 의미할까요? 모두가 맹렬하게 노력하는 것에서 벗어나고자 하는 것들입니다.

다시 말해서 지금이야말로 그런 것에서 벗어나기 위해 한 걸음 내디딜 수 있는 절호의 찬스라고 할 수 있습니다. 어느 세계에서나 온(on)과 오프(off)의 경계가 모호할 정도로 열정적으로 일하는 사람에게는 이길 수 없는 게 사실이니까요.

돈에 관해서도 마찬가지입니다. 돈에 관한 이야기를 해볼라치면, '귀찮다', '불쾌하다', '새삼스럽게 왜?'라는 반응이 대부분입니다. 사실 그런 자세가 우리의 생각을 멈추게 만들어서 결국 '이것이 득이 된다'라거나 '이 방법이 좋다'라는 명쾌한 답을 제시하면 아무 생각 없이 거기에 편승하고 맙니다.

물론 이 책에서도 필자의 사고방식과 한 가지 재료만을 제시하고 있기에 무엇이 정답인지는 여러분 스스로가 찾아야 합니다. 정보의 홍수 속에서 신중하게 생각하는 것을 귀찮아하는 풍조가 만연할수록, 스스로 답을 찾고자 하는 사람이 자기 인생의 지배권을 갖게 된다는 것을 이 책을 통해서 깨닫게 되기를 바랍니다.

돈이 가진 다섯 가지 능력

이 책에서 말하는 돈의 재능이란, '돈을 모으는 재능', '정보 분석을 통해 돈을 관리하는 재능', '자산을 증식하는 재능', '돈을 쓰는 재능', '돈을 버는 재능'의 다섯 가지 능력으로 구성되어 있습니다.

〈돈을 모으는 재능〉이 있으면 스트레스 없이 효율적으로 돈을 모을 수 있습니다. 그것은 유사시를 대비할 수 있다는 뜻이며, 기회가 왔을 때 그 기회를 잡을 수 있는 마음의 여유를 갖게 됩니다.

〈정보 분석을 통해 돈을 관리하는 재능〉이란, 세상에 넘쳐나는 정보의 진위를 파악하고 돈의 수입과 지출에 대해 적절한 의사 결정을 하는 능력을 말합니다. 이 재능이 있으면 그릇된 정보에 휩쓸리지 않고 합리적인 판단을 할 수가 있습니다.

〈자산을 증식시키는 재능〉이 있으면 여행을 떠나거나 잠들어 있는 동안에도 돈이 돈을 버는 '신용 창조 기능'을 통해 자산을 증식시킬 수 있습니다.

〈돈을 쓰는 재능〉이 있으면 낭비하는 대신 투자에 돈을 돌려서 최소의 지출로 최대의 효과와 만족감을 얻게 됩니다.

〈돈을 버는 재능〉이 있으면 시대와 환경이 바뀌고 직장을 잃게 되더라도 걱정 없이 살아갈 수 있습니다. 가령 지금 저축한 돈이 전혀 없어도 '어떤 상황에서도 돈을 벌 수 있다'는 강한 자신감을 가질 수 있습니다.

돈이 '만능'인 현대 사회에서 돈은 가장 큰 도구가 되었습니다. 왜냐하면, 돈을 순환시키는 경제 시스템 속에서 살아가고 있는 우리에게는 일상에서 일어나는 많은 문제를 돈으로 해결할 수 있기 때문입니다. 자신과 가족의 생활을 지키고 자신이 하고 싶은 일을 이루어내는 등 인생의 운전대를 직접 잡기 위해서는 이 다섯 가지의 능력, 즉 '돈의 재능'을 갈고 닦을 필요가 있습니다.

절약은 가난으로 가는 가장 빠른 코스!

'긴급하지 않은 지출과 필요도가 낮은 것에 대한 지출은 삼가한다.'

'쇼핑할 때는 저렴한 것 위주로 산다.'

우리가 살아가는 데 있어서 '절약'은 분명히 중요한 포인트입니다. 생활비의 손익분기점을 낮추고 저비용으로 생활할 수 있는 시스템을 만드는 것도 분명히 필요한 일이기 때문입니다.

급여가 깎이는 등의 긴급 사태 시에 이러한 지혈책은 효과를 발휘합니다. 수입을 늘리기 위해서는 어느 정도의 시간이 필요하지만, 비용 절감은 바로 실천할 수 있기 때문입니다. 하지만 앞으로 예상되는 증세나 사회보장 관련의 부담 등 사회의 변화를 생각하면 절약만으로는 해결되기 어렵다는 불안감이 있습니다.

가령, 소비세가 10%(우리나라의 부가가치세에 해당함)이면 월 2백만 원을 지출하는 사람은 생활비가 매월 십만 원이 더 들게 됩니다. 건강보험료나 연금이 인상되면 생활비 부담이 더욱 심해집니다. 그렇게 되면 가용한 지출비가 점차 줄어들면서 자립적인 인생을 살기 위한 입지는 점점 좁아질 수밖에 없습니다.

실제 월급이 200만 원이면 아무리 절약을 한다 해도 쓸 수 있는 돈의 최대 한도액은 200만 원입니다. 수년간 묶여있던 코끼리는 말뚝에 묶인 사슬을 풀어주어도 도망가지 않고 말뚝 근처를 벗어나지 않는다는 유명한 일화가 있습니다.

최대한 절약을 해서 수입 범위 내에서 생활하려는 것은 자신을 말뚝에 묶인 코끼리로 만드는 것과 다를 바 없습니다.

절약이 발상의 빈곤을 초래한다

절약을 지향하는 삶이 나쁘다고는 할 수 없지만, 결국 발상의 빈곤을 초래하게 됩니다.

절약하는 방법은 간단합니다. 사고 싶은 것을 참고 사지 않으면 됩니다. 또 가격을 이리저리 비교해서 가장 싼 것을 선택하면 됩니다. 오늘날 금융권의 대출 금리를 비롯하여 가전제품이나 의류, 휴대전화 요금이나 채소의 가격도 인터넷으로 비교하면 가장 싼 것을 바로 찾을 수 있습니다.

하지만 불경기에 '어떻게 수입을 늘릴 것인가'에 대해서 깊이 고민하는 사람은 많지 않습니다. 왜냐하면, 수입을 늘리기 위해서는 무엇보다 깊이 고민하고 철저하게 행동해야 하는데 그 일은 매우 귀찮고 성가시기 때문입니다.절약하기 위해서도 창의력이 요구되는 측면이 분명히 있기는 하지만, 수입을 늘리기 위해서 들이는 창의적인 노력과 비교하면 하늘과 땅 차이라고 할 수 있습니다.

무엇보다 우리는 '주식회사 나'의 대표이사로서 '나'라는 상품의 매력과 가치를 극대화하는 발상으로 전환할 필요가 있습니다.

연봉 3억 원과 연봉 3천만 원의 차이는 무엇일까?

모두에게 똑같이 주어진 하루인데 8시간을 일해도 연봉이 3천만 원인 사람이 있는가 하면 3억 원인 사람도 있습니다.

하루 24시간은 누구에게나 똑같이 주어지기 때문에 연봉 3억 원을 받는 사람이 연봉 3천만 원을 받는 사람보다 열 배의 시간을 더 일하는 것도 아닙니다. 즉 수입은 반드시 노동시간에 비례하는 것은 아니라는 말이 됩니다.

그렇다면 이 두 사람의 차이는 과연 어디에서 비롯된 것일까요? 그것은 바로 '사고방식'과 '행동력'의 차이에서 비롯된 것입니다. 예를 들면, 금요일에 동료와 호프집에 가서 회사와 상사의 험담을 하면서 밤이 늦도록 술을 마시는 풍경을 종종 보게 되는데, 과연 이 모습은 연봉 3억 원을 받는 사람의 모습일까요?우리의 인생에는 몇 개의 분기점이 있고, 그 시점에서 어느 길을 선택하고 행동하는가에 따라서 인생이 결정됩니다.

다시 말해서 지금 자신의 연봉이 3천만 원이라면 그것이 지금까지 자신이 살아온 결과이고 그런 선택을 하도록 지금까지 행동해 온 것이라고 말할 수 있습니다.

따라서 만약 연봉을 3억 원 받고 싶다면 연봉 3천만 원 받는 사람이 하는 사고방식을 버리고 연봉 3억 원을 받는 사람이 하는 사고방식과 행동으로 자신을 전환하지 않으면 안 됩니다.

즉 '지금까지 무엇을 해 왔나?'라고 하는 과거의 연장선상의 발상에서 벗어나, '앞으로 무엇을 할 것인가?'가 3년 후, 혹은 5년 후의 자신의 모습을 결정한다는 사실을 의식할 필요가 있습니다.

스포츠의 세계에서 '시합이 시작된 후에 연습 부족을 탓해 봐야 소용없다'라는 말이 있습니다. 몇 년 후에, '그때 이를 악물고 죽을 힘을 다해서 해 내기를 참 잘했어'라는 생각을 하게 될지 어떨지는 앞으로의 행동에 달려있습니다. 불경기나 역경을 탓한들 아무 소용이 없습니다.

오히려 이 상황을 어떻게 기회로 바꿀 수 있을지, 또 이 상황 속에서 어떻게 기회를 찾아 낼 지에 대한 지혜와 용기의 시험대 위에 올라와 있다고 생각하면 어떨까요?

앞으로는 노력을 아끼지 않고 일하는 사람의 시대가 옵니다. 이 책이 여러분의 돈의 재능을 키워주고, 돈 때문에 어려움 겪지 않는 삶을 만드는 데 도움이 된다면 책을 쓴 사람으로서 큰 보람을 느낄 것 같습니다.

고도 토키오

| 차례 |

5장_돈을 잘 버는 재능

6장_돈을 지키는 재능_돈의 재능을 연마하기 위한 팁

1장_돈을 모으는 재능

1. 돈을 모으는 재능은 저비용으로 만족도를 높이는 능력이다
2. 보험료는 필수 지출 항목이 아니다
3. 교육비에 많은 돈을 지출할 필요는 없다
4. 최대 비용이 드는 주거비를 재검토한다
5. 남들과 다른 현명한 선택을 하라

돈을 모으는 재능은 비용으로 만족도를 높이는 능력이다

모든 일에는 반드시 복수(複數)의 선택지가 있다

낭비는 커녕, 절약하는데도 왜 돈이 모이지 않을까? 이런 생각이 들 때가 있다. 이런 경우에는 다음 세 가지의 경비를 구분하지 않고 돈을 지출 했을 가능성이 크다.

즉 꼭 필요한 지출인 '필요경비', 지출하는 것이 본인에게 도움이 되는 '유용한 경비', 본인도 모르게 많은 돈을 지출하게 되는 '숨은 낭비 경비'의 세 가지다.

예를 한번 들어보자. 직장에 다니는 남편과 비정규직으로 일하는 아내가 각각 승용차를 한 대씩을 갖고 있다. 지방에 살고 있다면 필수 이동 수단이기 때문에 두 대의 차가 필요하다. 즉 '필요경비'이다. 하지만 꼭 승용차여야만 할 필요성은 없기에 두 대 모두 경차로 바꾸거나 한쪽은 스쿠터로 하는 방법이 있다.

만약 자녀의 교육보험에 가입 했다면 이것을 저축으로 대체할 수도 있다. 그렇지만 여유가 있어서 가입 했다면 '유용한 경비'라고 할 수 있다.

또 명절에 고향에 가거나 휴가철 여행 등으로 많은 돈을 쓰는 경우가 있다. 이것은 예상치 못하게 필요 이상의 돈을 지출하게 되는 '숨은 낭비 경비'라고 할 수 있다.

'남들도 다 그렇게 살지 않나?'식의 무의식적인 행동이 낭비를 부추기게 되는 것이다.

도쿄에서 오사카로 가기 위해서는 비행기, 신칸센, 자동차, 오토바이 등의 교통수단이 있다. 비행기의 경우, 하네다에서 바로 가는 직행 편이 있는가 하면 니가타를 경유해서 가는 방법도 있다. 자동차로 후쿠시마까지 가서 비행기를 타고 갈 수도 있다. 이처럼 모든 일에는 반드시 복수의 선택지가 있다. 따라서 바로 지갑을 열기 전에 잠시 멈추어 서서 '다른 방법은 없을까?'를 생각해 보도록 하자.

목적 없는 절약 대신 만족도 높은 선택을 하라

돈을 모으는 재능이란, 목적 없는 무조건적 절약과는 달리 '저비용으로 만족도 높은 선택'을 하는 것을 의미한다.

- 똑같은 만족도와 효과를 얻는다면 가격이 낮은 쪽을 선택한다.
- 갖고 싶은 것보다 필요한 것 위주로 선택한다.
- 지출의 비중을 '사물'에서 '사실'로 이동한다. → 여기에 대한 것은 4장의 '돈을 현명하게 쓰는 재능'에서 설명하겠다.

이러한 것들을 습관화 시켜 돈을 모은다는 강박감(强拍感) 없이, 스트레스 없이 돈을 모으는 상태를 목표로 한다.

이것이 '절약'이 아니고 무엇이냐고 반문하는 사람이 있을 것이다. 하지만 절약과 다른 것은 생활 수준만을 축소하기보다 높은 만족도와 효율성을 우선시하고 그것을 저비용으로 실현한다는 점이다.

따라서 고가(高價)의 물건을 사는 것을 부정하지 않으며, 남들이 낭비라고 생각해도 자신에게 투자적인 경비라면 아까워하지 않고 돈을 지출하게 된다. 즉 만족도가 최고에 달할 수 있도록 선택하고 행동하라는 것이다.

참고로 비용이란 지출한 돈만을 의미하는 것이 아니라 자신이 들인 시간과 노력도 포함된다. 몇 천원 싸게 주유하기 위해서 한 시간 걸리는 주유소에서 주유한다는 것은 시간이 남아도는 사람일지라도 수지(收支)가 맞지 않기 때문에 하지 않는다.

얻게 되는 이익 - 비용 = 만족도

자신의 시급(時給)을 알아두자

앞에서 언급한 '수지가 맞는가'를 판단하는 지표로서 '자신의 시급'을 생각해 보기로 하자.

가령 세전(稅前) 월급이 4백만 원이라고 할 때 한 달에 20일×8시간 일한다고 하면, 400만 원÷160시간 = 25,000원이 된다. 물론 실제로는 상여금이나 유급휴가 등도 있어서 엄밀하게 말하면 조금 차이가 날 수 있으나 여기서는 대략으로 계산해 본 것이다.

그러면 만약 1시간이 걸려도 대략 25,000원 이상의 비용이 절감 된다고 한다면 효과적인 선택이 된다고 할 수 있다. 혹은 1분=420원이기 때문에 대형마트의 특가 세일 광고도 찬찬히 읽어보는 것보다 대충 훑어보고 단번에 결정하는 것이 합리적이라고 할 수 있겠다.

자신의 시급을 왜 알아야 할까?

자신의 시급을 알면 자신이 꼭 해야 하는지 안 해도 되는지에 대한 판단 기준을 세울 수 있다.

가령 자동차 타이어가 펑크가 나서 스페어 타이어로 교환해야 하는 상황이 생겼다고 하자. 카센터 직원을 불러서 10만 원을 써야 한다면 자신이 4시간 이내에 교환할 수만 있다면 직접 교환하는 편이 낫다는 결론을 얻게 된다. 실제로는 30분도 걸리지 않는다.

◆자신의 시급을 계산해보자

본인의 월 수입 ÷ 본인의 월 노동시간 = 본인의 시급

______ 원 ÷ ______ 시간 = ______ 원

얼마가 되었나요?

상여금은 없는 것처럼 생활하라

많은 경우 상여금은 실적에 연동해서 증감액이 정해진다. 이는 곧 상여금을 전제로 한 생활비 설계는 리스크가 높다는 것을 말해준다. 그렇다면 일단 상여금을 수입으로 보지 않고 처음부터 없다는 것을 전제로 생활비를 설계 하면 어떨까?

다시 말해서 월급만으로 생활비를 충당 하도록 계획을 세워두

면, 보너스는 완전히 추가적인 부수입이 되기 때문에 보너스가 나오면 없어도 되는 자금이라 생각해서 자산운용의 훈련이나 자신을 위한 투자 용도로 사용할 수 있게 된다.

시스템화하라

불필요한 지출과 낭비를 막거나 스트레스 없이 돈을 모으기 위해서는 용도별로 구분해서 통장을 만드는 방법이 있다.

예를 들면, 저축용과 투자용 통장을 만들어 급여가 통장으로 들어오면 일정 금액이 자동으로 각각의 계좌로 이체 되도록 해놓는다. 그러면 남은 돈으로 생활을 할 수밖에 없기에 자동으로 돈이 모이게 된다. 번거롭고 귀찮겠지만 한번 은행을 방문하여 절차를 밟아 놓으면 '시스템화'가 되기 때문에 점심시간에 잠깐 은행을 방문할만한 가치가 충분하다. 이렇게 여러 개의 통장을 만들어 돈을 관리하다 보면 새는 돈을 막을 수 있고 시간이 지난 후에는 꽤 큰 목돈을 만들 수가 있다. 필자도 이 방법으로 부동산 구입에 필요한 계약금을 마련할 수 있었다.

보기 좋은 떡이 먹기도 좋다?

우리의 소비 패턴에 영향을 주는 가장 큰 요인 중 하나는 '남들보다 우위(優位)에 서고 싶다'는 감정이다. 필자가 예전에 차를 새로 바꾼 적이 있는데 어느 날 보니 옆집도 새 차로 바뀌어 있었다. 거기에서 그치지 않고 그 옆집도 새 차로 바뀌어 있었다. 우연의 일치라고 생각해서 주변 사람에게 이야기 했더니 그것은 우연이 아니라 자주 벌어지는 일이라는 대답이 돌아왔다. 또 자녀를 키우는 여성 편집자한테서 들은 이야기인데, 고급 주택가 공원에 모인 아기 엄마들이 가장 신경 쓰는 것은 유모차의 브랜드라는 것이다.

이성이나 다른 사람들에게 잘 보이고 싶고 남들보다 우위에 서고 싶은 마음이 강한 콤플렉스로 작용해서 외관 연출에 과잉 지출을 하게 되는 것이다. 성형수술을 해서 콤플렉스가 해소되어 인생이 변했다는 사람도 있지만, 크게 신경 쓰지 않으면 고민할 필요도 없고 지출을 하지 않아도 된다. 너무 신경을 안 쓰는 것도 문제지만, 이성의 눈을 지나치게 의식하거나 남들과 비교하는 것만 멈추어도 불필요한 지출을 줄일 수 있다.

'보기 좋은 떡이 먹기도 좋다'라는 옛말이 있지만, 오늘날에는 보기 좋은 떡은 비싼 대가를 치러야 하는 것 같다.

저비용 생활을 경험해 본다

극빈 체험을 해보는 것은 저비용 체질로 만들기에 유용한 방법 가운데 하나라고 할 수 있다. 오래전 한국에서 하루 만원으로 살기란 프로가 있다고 들었다. 바로 그런 체험이다.

앞에서 언급 했듯이 목적 없는 절약은 발상의 빈곤을 초래하기 때문에 권장하지 않지만, '체질 개선'의 목적으로 일정 기간 초절약 생활을 경험해 보는 것은 의외로 효과적인 면이 있다.

필자는 투자용 부동산 매입을 위한 계약금을 모으려고 1년간 초절약 생활을 한 적이 있다. 월급의 3분의 2는 별도의 통장으로 자동이체 시켜서 저축하고 상여금은 한 푼도 건드리지 않았다. 두 대였던 차 중 한 대를 팔고 남은 한 대의 자동차보험도 비교 사이트에서 찾아낸 저렴한 보험으로 바꾸고, 불필요한 여러 개의 신용카드도 한, 두 개만 남겨놓고 모두 잘라버렸다. 점심 식사비는 평균 6,000원이 넘지 않았으며 이 기간 동안 옷은 일절 사지 않고 기존에 있던 옷을 돌려가며 입었다.

그런 생활을 하면서 느낀 것은 다음과 같은 것들이다.

- **그동안 없어도 되는 것들에 많은 돈을 소비했다**
- **찾아보면 질 좋고 가성비 좋은 상품과 서비스가 많이 있다**
- **금액을 낮추어도 만족도에서 전혀 차이가 없는 것도 있다**
- **없으면 없는 대로 전혀 불편함이 없는 것들도 많다**

고속도로에서 쌩쌩 달리다가 일반 도로로 갈아타면 시속 80킬로도 느리게 느껴졌던 경험이 운전자라면 누구나 있을 것이다. 그와 마찬가지로 짧은 기간이라도 극한의 절약 생활을 지속하다 보면 한약처럼 서서히 효과가 나타난다. 다시 원래의 생활로 돌아와도 무의식적으로 꼭 필요한 것과 불필요한 것을 선별하게 되어 저비용 체질로 바뀌게 되는 것이다.

그런 의미에서 자녀가 대학생이 되어 자립하게 되면 최소한의 생활비로 극빈생활을 체험시키는 것도 좋은 방법이 될 수 있다. 그러면 궁핍함의 불편함을 실감하게 되고, 부모의 고마움도 알게 되며 일을 해서 돈 버는 것의 숭고함을 깨달아 욕구를 통제하면서 자신의 생활을 꾸려나갈 수 있게 되는 등 교육적인 효과를 톡톡히 보게 된다.

고정비용의 변동비(變動費)를 고려하라

생활비를 절약하기 위해서는 우선 지출을 '가시화(可視化)'시켜야 한다.

무엇에 얼마를 쓰고 있는지를 상세히 기록하는 것이다. 그런 다음 우선순위를 정한다. 꼭 필요한 것과 그렇지 않은 것으로 분류한다. 이것은 흔히들 많이 하는 방식이다. 생활비 중에서도 '변동비용'이라는 것이 있다. 이것은 지출 시기나 빈도가 일정하지 않은 지출로서 그때만 참으면 지출을 안 해도 되는 것이 많아서 삭감할 부분이 많다. 가령 외식비와 의류비 같은 것들이다.

골칫거리는 매월 반드시 지출해야 하는 고정비용이다. 고정비용의 대표 격은 보험료와 교육비, 그리고 주거비다.

가령 회사를 경영할 때 월세나 리스 비용, 월 급여 등의 고정비용이 많으면 매출이 오를 때는 괜찮지만 그렇지 않을 때는 큰 부담이 된다. 따라서 창업을 할 때는 고정비용이 크게 들지 않는 비즈니스로 시작해서 안정적인 수익이 창출될 때까지는 대규모의 설비 투자는 피하는 것이 좋다. 매출 변동에 따른 자금 리스크를 줄이기 위해서 사무실 임대료를 줄이거나 최소한의 직원을 고용하고 외주 등으로 대처해서 가능하다면 대출이나 리스 등의 부채 비율을 줄이는 방안을 모색해야 한다.

가정 살림도 이처럼 생활비에서 고정비용을 최대한도로 줄이는 방법을 모색해보자.

생활비에서 고정비용이 많으면 수입의 변동이나 생활환경의 변화가 생기면 대응하기가 힘들어지는데, 그러한 것들을 압축하거나 변동비화 시킬 수 있다면 변화에 대응하기가 훨씬 쉽다.

보험료는 필수 지출 항목이 아니다

무조건 가입하기보다 먼저 저축으로 대체하라

생명보험은 부동산에 이어 큰 지출 항목이라고 할 수 있을 정도로 생활비에서 차지하는 비율이 큰 고정비용이다. 가령 월 10만 원을 보험료로 지출하면 연간 120만 원이 되고, 30년간 부으면 3,600만 원이 된다. 한편 월 20만 원을 보험료로 지출하면 30년간 7,200만 원이, 월 30만 원이면 1억 8백만 원이 된다.

매월 지출되는 돈이 큰 액수가 아니다 보니 신경을 잘 쓰지 않지만 지출된 보험료의 총액은 순식간에 거액이 된다. 치료비가 비싼 선진국에서도 건강보험으로 많은 부분 커버가 된다는 사실을 모르는 사람이 의외로 많다. 우선 그런 정보를 잘 수집하는 것이 중요하다. 그런 후에 꼭 필요한 보장액은 어느 시점에서 얼마인지를 따져보아야 한다.

무엇보다도 그런 정보를 꼼꼼하게 수집하는 것이 중요하다. 그런 다음에 '꼭 필요한 보장 금액은 언제, 어느 시점에서 얼마가 되는가?'를 생각해 보는 것이다. 따라서 '보험은 무조건 들어야 한다.'가 아니라 '우선 저축으로 대응하고 저축으로 커버가 안 되는 부분을 보험으로 보충한다.'가 원칙이 되어야 한다.

생명보험은 도박일 수 있다

생명보험은 자신에게 만일의 일이 생겼을 때 필요한 보장 금액을 설정해서 가입하는 것이다. 그렇다고 한다면 '나에게 만일의 일이 생겼을 때'란 언제일까?

많은 경우, 자녀가 어려서 맞벌이를 하기 힘든 시기라고 할 수 있다. 즉 아이가 성인이 될 때까지의 약 20년간이 여기에 해당한다. 이런 논리라면 독신의 경우는 만일의 일이 일어나도 경제적으로 어려움을 겪는 사람이 없으므로 보험에 가입할 필요성은 거의 없게 된다. 또 맞벌이의 경우에도 필요성은 그리 많지 않다.

일본 후생노동성이 2005년에 공식 발표한 '생명표'에 따르면 30세의 남성이 60세까지 살 확률은 91.5%라고 한다. 즉 30세의 남성이 100명 있다면 그중 91명은 60세까지 살아 있다는 것이다. 이 통계치 자료로 본다면 자녀가 성인이 될 때까지 보장이 꼭 필요한 시기에는 아무 일도 일어나지 않을 확률이 훨씬 크기 때문에 손해 볼 확률이 꽤 높다는 결론이 나온다.

어쩌면 당연한 일이겠지만, 보험사는 수십 년에 걸쳐서 데이터와 확률 계산을 통해 자신들이 돈을 버는 구조로 만들어져 있으므로 가입자에게 유리한 구조가 아닌 것은 확실하다.

보험에 가입하는 것은 한 집안을 책임지는 가장으로서 당연한 일이라고 생각하는 경향이 있는데, 이는 보험사의 마케팅 전략으로 만들어진 상식에 지나지 않는다. 단순히 가족에 대한 의무감이나 결혼하면 반드시 보험에 가입해야 한다는 선입견에 지나치게 구애받지 않도록 하자.

보험을 해약하기 전에 리스크 관리용으로 재검토하라

실제로 지인을 통해 생명보험에 가입하고 나서 몇 개월 후에 남편이 사망해서 보험 덕을 톡톡히 보았다는 이야기를 들은 적이 있다.

'인생에는 오르막길이 있는가 하면 내리막길도 있다. 그리고 '설마'라는 세 번째 길이 있다'라는 말이 있다. 이 '설마'는 일어나지 않을 수도 있고 일어날 수도 있다. 그 설마가 일어났을 때 대처하는 준비를 해두는 것이 리스크 관리이며, 그것이 보험의 존재 이유라는 것은 누구나가 다 아는 사실이다. 이미 보험에 가입했다면 필요한 기간과 필요한 금액을 잘 확인해서 불필요한 특약을 없애는 등으로 전반적인 재검토가 필요하다.

자녀가 성인이 될 때까지의 생활비와 학비 등을 고려하면 3억에서 5억 정도가 필요하다. 자녀수가 늘면 부담은 더욱 늘어난다. 단, 이것은 배우자가 재혼하지 않는다는 전제 하의 이야기다. 만약 배우자가 사망했을 때 재혼을 고려한다면 보장액은 달라진다. 큰맘 먹고 보험을 해약하는 것도 하나의 방법이 될 수 있으나 중도 해약은 환급금이 있는 경우라도 금액이 꽤 줄어들 가능성이 크다. 이러한 경우 결정하기가 곤란한데 지금 보험에 가입해 있다면 우선은 계속 유지할 것을 전제로 재검토해 보고, 그것도 불필요하다고 판단되면 해지하는 절차를 밟는 것이 좋을 것이다.

보험에 가입할 필요가 없는 사람도 있을까?

역설적인 것 같지만 이 세상에는 굳이 보험에 가입할 필요가 없는 사람이 있다. 그것은 어떤 사람일까? 사소한 일에 전전긍긍하지 않고 삶을 열정적으로 사는 사람은 그리 쉽게 죽지 않는다고 한다. 그런 사람은 보험에 가입할 필요가 없다. 반대로 신경질적인 사람은 수명이 짧다고 한다.

실제로 담배를 피우고 고기를 즐겨 먹는 90세를 넘긴 장수한 노인들이 주변에 수두룩 하므로 보험보다는 오히려 스트레스 관리 쪽이 더 중요하다고 할 수 있겠다. 보험은 '만약'을 대비한 안심 비용이기 때문에 만약의 확률을 높이 보는 사람이 있는가 하면 낮게 보는 사람도 있다. 따라서 안심 비용의 크기도 사람에 따라 다르다. 하지만 '만약의 일이 생기면 어떡하죠?'라는 질문을 받았을 때는 좀처럼 명확한 대답을 떠올리기 힘든 것이 사실이다. 그래서 그 순간 아무 생각 없이 쉽게 가입해 버리는 것이다.

한편 보험에 가입해서 바로 암이 발견되어 일시불로 진단비 2천만 원을 받은 사람도 있다. 그 사람의 입장에서는 '보험은 반드시 가입하는 것이 좋다'라는 평가가 내려진다.

이처럼 사람들에게는 저마다 '주관(主觀)'이라는 것이 있다. 보험도 '주관'이다. 이 책의 내용도 어디까지나 필자의 '주관'일뿐이다. 하지만 그 '주관'에 명확한 '근거'를 가질 필요는 있다.

따라서 '나는 저축으로 대체하고 있어서 일체 보험에는 가입하지 않겠다.'라는 선택지도 있을 것이다. 이 경우는 보험료로 생활비를 줄이는 것이 아니라 그 돈을 조금 더 만족도가 높은 곳에 사용할 수 있게 되는 것이다.

교육비에 많은 돈을 지출할 필요는 없다

부모의 성공이 자녀에게 가장 좋은 교육 효과다

자녀들의 사교육비에 많은 돈을 들이거나 사립학교에 보내 교육비에 거금을 쓰는 사람들이 있다. 따라서 쉽게 돈을 인출할 수 없는 학자금 보험에 들어 교육비를 마련하는 구조를 만드는 것도 하나의 방법이다. 하지만 교육비에 많은 돈을 쓰기보다는 부모가 자기계발을 위해 돈을 쓰는 것이 더 효과적이다. 왜냐하면, 부모가 성공한 모습을 자녀들에게 보여주는 것이 훨씬 더 교육 효과가 크기 때문이다.

자녀들이 성공하기를 원한다면 먼저 부모인 자신들이 성공하기 위해서 노력해야 한다. 자기 힘으로 인생을 개척해 나가는 모습과 역경을 극복해 나가는 부모의 모습을 보고 자녀들은 자란다. 또 자녀도 그런 부모의 모습을 보면서 자기 힘으로 인생을 헤쳐 나가는 것의 즐거움과 소중함을 잠재의식 속에서 인식하게 된다.

가장의 용돈을 최우선으로 고려하라

생활이 어려워지면 가장 먼저 줄이는 것이 가장의 용돈이라고 하는데 이 순서를 거꾸로 해보자. 가장의 용돈이 월 30만 원이라고 할 때, 자기 투자에 쓰는 돈까지 용돈에 포함하면 안 된다. 자녀들의 용돈을 줄여서라도 가장의 자기계발을 위한 투자를 해야 한다. 자녀가 학원에 다니는 교육비를 줄여서라도 가장의 책이나 노트북을 사야하며 자녀에게 휴대전화를 사주는 대신 가장의 자기계발 비용을 우선적으로 대줘야 한다.

만약 자가(自家)를 소유하고 있다면 가장의 서재를 우선으로 확보한다. 설령 자녀 방이 좁아진다 해도 가장의 서재를 우선시하고 가장이 자기 공부에 집중할 수 있는 공간을 확보한다.

그렇게 해서 가장이 스킬과 능력을 갈고 닦아 승진하고 성공하는 모습을 보여주는 것이 자녀에게 가장 큰 교육이 된다. 따라서 자녀보다 가장에 대한 투자가 최우선이 되어야 한다.

분명히 자녀들은 사랑스러운 존재이고 자신을 희생해서라도 많은 것을 해주고 싶은 것이 부모들의 공통된 마음이다. 물론 그런 가치관을 부정하라는 것은 아니다. 하지만 자녀 교육에 돈을 투자하고 싶다면 가장에 대한 투자비용을 줄이기보다는 가장이 지금보다 돈을 더 벌 수 있게 되어 생활비의 파이(π)를 키운다는 발상으로 스위치를 전환하면 어떨까?

부모의 말이 자녀의 세계관을 만든다

'돈이 없으니까 포기해.'

'돈을 허투루 쓰지 말고 모아야 해.'

'너한테는 무리야!'

이러한 발상의 빈곤이나 부모의 궁상스러운 생활습관은 자녀들에게 그대로 전해진다. 따라서 자녀의 경제관념은 부모를 그대로 닮아간다.

즉 계층이나 격차는 학교 교육으로 고착되는 것이 아니라 부모의 사고방식과 평소 자녀에게 하는 언행으로 더욱 고착된다. 따라서 우리는 평소에 자녀에게 하는 말에 주의를 기울일 필요가 있다. 즉 비용이 들지 않는 교육 투자는 자녀에게 건네는 말을 선별하는 일이다.

왜 그토록 말이 중요한 것일까?

언어는 인간의 행동을 결정하고, 인간은 언어로 세계를 만들어가는 생물체이기 때문이다.

'너한테는 무리야'라고 말하는 사람은 현실을 바꿀 수 없다. '그건 비현실적이야'라고 말하는 사람은 행동으로 옮기지 못한다. 한편 '반드시 이길 거야!'라는 말을 반복하게 되면 이길 가능성이 커진다. '이를 악물고 반드시 해낼 거야!'라는 말을 반복하게 되면 실제로 그 일을 해낼 수 있다. 마찬가지로 '돈이 없어서 안 돼', '너한테는 무리야. 그만 둬'라는 말을 입버릇처럼 하는 부모와 '방법을 한번 생각해보자', '네가 정말 하고 싶다면 한번 해봐. 실패하면 어때?'라는 말을 입버릇처럼 하는 부모와는 자녀에게 미치는 영향면에서 매우 큰 차이가 난다.

어릴 적에 부모로부터 학대받은 사람이 부모가 되었을 때 자녀를 학대 할 확률이 높다는 통계가 있듯이 부모의 사고 특성과 행동 특성은 자녀에게 큰 영향을 미친다.

자녀에게 '공부해라', '공부 잘해서 좋은 대학교에 가라'고 말하는 대신 자녀가 자기 인생을 스스로 개척해 나갈 능력을 갖추도록 환경을 만들어 주는 데 돈을 쓰도록 하자.

최대 비용이 드는 주거비를 재검토한다

집을 구매할 것인가 세입자로 살 것인가?

집을 구매할지 세입자로 살지에 대한 논의는 개인의 가치관에 의존하는 부분이 크기 때문에 어느 것이 좋다고 단정 지을 수 있는 문제는 아니다. 따라서 이 책에서는 '돈의 재능'이라는 측면과 경제 합리성의 차원에서 한번 생각해 보도록 하겠다.

집을 경제적인 가치를 지닌 부동산으로 보기 위해 우선 '소유하는 것'과 '이용하는 것'으로 분리해서 생각해 보자. 왜냐하면, 평생 한곳에서만 살아야 한다는 필연성은 오늘날 그다지 높지 않기 때문이다. 오히려 직장이 이전할 수도 있고 근무하는 회사가 합병이나 사옥의 통폐합으로 이전할 가능성도 있기 때문이다. 또 자녀가 태어나 학교에 다니고 독립해 가는 과정에 따라 집의 크기나 공간의 크기, 장소도 변한다.

직장과의 접근성을 고려하고 출, 퇴근시간을 단축해서 일을 열심히 하고 싶은 시기도 있을 것이다. 혹은 교외의 자연 속이나 해외에서 자녀를 키우고 싶다고 생각하는 시기도 있을 수 있다. 취향이 바뀌면 패션도 바뀐다. 때와 장소와 경우(TPO, Time, Place, Occasion)에 따라 입는 옷과 머리 스타일도 바뀌게 된다.

인생의 TPO가 바뀜에도 불구하고 '집에서 멀어서 싫다'거나 '다니기가 불편하다'는 생각을 한다면 거주하는 장소에 제약을 받게 되어 인생의 선택지가 그만큼 줄어들게 된다. 우선 '집'이란 내 경제 활동과 생활 스타일을 최적화하기 위해서 적극적으로 선택하는 것이라는 식으로 발상을 전환해보자.

임대를 선택하는 것은 자유를 선택하는 것이다

적극적으로 살 곳을 선택하기 위해서 가장 손쉬운 방법은 세를 들어 사는 것이다. 회사를 경영하는 필자의 지인은 한 달 월세가 수천만 원이나 되는 록뽕기 힐즈 레지던스와 도쿄 미드 타운 레지던스에 살고 있다. 그가 그곳에 사는 이유는 업무에 집중할 수 있는 환경을 만들기 위해서라고 한다. 집을 구매하는 것은 여러 가지로 신경 쓰일 일이 많지만, 임대하게 되면 바로 입주할 수 있다. 주민회의에 참석하거나 재산세 등을 내야 하는 번거로움도 없다. 만약 회사의 매출이 줄게 되면 임대료가 싼 곳으로 이사하면 된다.

이외에도 자녀가 두 살이 되자 지방의 주택을 임대해서 사는 친구도 있다. 자녀가 초등학교에 입학할 때까지는 자연의 품속에서 키우고 싶다는 것이 이유다. 그로 인해 그 친구는 회사를 그만두고 자영업자로 독립했다. 뿐만 아니라 집이 낡아서 불편하다고 느끼면 수리를 하는 대신 새로운 곳으로 옮기면 해결이 된다. 인근에 이상한 사람이 산다거나 치안이 불안하다거나 재개발로 인해 교통이 불편해졌다거나 하는 불만 등에도 바로 대응할 수 있다. 이렇듯 임대를 선택한다는 것은 '자유를 선택'하는 것이기도 하다.

자산으로서의 부동산 선택하기

임대의 단점은 임대비가 소멸된다는 점이다. 그것을 아깝다고 생각하는 사람이 많다. 그래서 집을 샀더니 운신의 폭이 더 줄었다고 말하는 사람도 있다. 그것은 많은 사람이 집을 살 때 '신축(新築)'이나 '크기' '자신이 거주할 곳', '가성비가 좋다'라는 이유로 선택하기 때문이다. 그것보다 더 중요하게 고려해야 할 것은 자산형성과 자유를 양립할 수 있는 집을 구매해야 한다는 것이다.

그때 중요한 포인트는 '부동산의 본질적 가치'를 잘 판단해서 선택해야 한다는 것이다. 부동산의 본질적 가치란 '쾌적함'은 물론이고 '비싼 임대료'와 '비싼 매매가'를 지닌 부동산이어야 한다는 것이다. 경제적 가치를 지닌 부동산이란 결국 '수익성'과 '환금성'이 좋은 집이라고 할 수 있다.

'임대료를 내는 것은 아깝지 않은가? 그 돈을 모아서 집을 사면 자산이 된다.'라는 부동산 업자의 상술에 넘어가게 되면 그들에게 좋은 먹잇감이 되고 만다. 가치는 낮지만 가격이 비싼 상품의 정당성을 어필하는 것은 광고 기술로 쉽게 실현되기 때문이다. 이것은 파는 자의 입장이 되면 알 수 있는 부분이다. 좋은 입지에 가격도 적절한 물건(物件)이라면 굳이 영업사원의 감언이설이 없더라도 사고 싶은 사람이나 임대를 할 사람이 줄을 설 것이다.

하지만 자산가치로서 매력이 없으면 듣기 좋은 추상적인 형용사와 물건의 스펙으로 한껏 치장할 수밖에 없다. 물론 바로 그것이 '비싸게 임대주고' '비싸게 팔리는' 물건이라면 좋겠지만 그렇지 않은 경우가 더 많은 것이 현실이다.

집을 선택할 때 중요한 것은 입지 조건이다

비싼 가격에 세를 놓고 비싼 가격에 팔리는 집은 어떤 집일까? 비싼 가격에 세를 드는 사람이 있고, 비싼 가격에 사는 사람이 많다는 것이기 때문에 그곳은 저절로 인기가 있는 입지가 된다. 즉,

비싸게 세를 주고 비싸게 팔리는 곳 모두가 고소득자가 살기를 원하거나 혹은 살고 있는 곳이다. 매매나 월세 시세 모두 비싸고 고급 주택지이기 때문에 그곳에 집을 사지 않으면 자산가치의 의미는 없다.

다시 말해서 물건의 선택보다 그 주변의 입지 조건을 우선시 해야 한다는 것을 알 수 있다. 왜냐하면, 미래의 전망이 안 좋은 동네에 비싼 집을 사더라도 그곳에서 살 세입자를 구하기가 힘들기 때문이다.

발전 가능성이 희박한 동네의 부동산을 사게 되면 자산가치가 줄어들어 수억 원의 돈이 들어갔음에도 불구하고 싸구려 콘크리트 덩어리의 애물단지로 전락할 위험이 있다.

역사가 있고 도시기반 시설이 잘 정비된 곳을 선택하라 (일본의 경우)

집을 사고자 하는 동네의 역사와 어떤 사람들이 살고 있는지를 조사해 보는 것이 좋다.

가령 고소득자들이 많이 모여 사는 곳을 살펴보면 도쿄의 경우 에비스, 다이칸야마, 아자부, 록뽕기, 나카메구로, 아오야마, 진구마에, 반초 등이 있다. 이런 동네의 공통된 특징은 다양성이 있고 독신자는 물론 가족 단위의 세대도 다 함께 쾌적함을 누리며 살 수 있는, 격이 있고 성숙한 느낌이 드는 동네라는 것이다. 또 많은 사람이 동경하는 선망의 대상인 동네이기도 하다. 직장에서 가깝고 외식이나 쇼핑도 가능하고 출산, 육아, 병원, 교육, 문화, 여가생활 등 모든 면에서 수준 높은 도시 기반시설이 잘 정비된 곳이야말로 돈이 모이는 곳이다.

교육면에서도 가령 학력이 낮은 학군에 집을 사게 되면 자녀의 진로 설계에도 영향을 미친다. 그렇다고 해서 자녀를 사립학교로 통학시키게 되면 불필요한 비용 지출이 생긴다. 처음 접하는 동네라면 그곳에서 임대로 일정 기간을 살아보고 살기가 좋은지 환경조건을 확인한 후에 집을 사는 것이 좋다.

누차 강조하지만, 부동산을 사는 것은 '입지 조건'을 사는 것이나 마찬가지다. 부동산을 경제적 자산 가치로서 전면적으로 활용하고 싶다면 임대료와 매매가가 높은 지역이나 고소득자들이 많이 모여 사는 지역의 물건을 매입하는 것이 정답이다. 하지만 이런 곳은 가격이 당연히 비쌀 수밖에 없다. 따라서 신축이 아닌 지은 지 몇 년이 된 물건을 구매하는 것도 선택지 중 하나로 고려해볼만하다.

'새집'만 고집할 필요는 없다

신축 아파트는 새 차와 마찬가지로 한번 살게 되면 바로 10% 정도는 가격이 다운된다.(일본의 경우) 왜냐하면, 신축 시에는 시공사의 이익이 그 안에 포함되어 있지만 일단 시간이 흘러 중고가 되면 그 비용이 없어지기 때문이다. 다시 말해서 3억 원의 아파트라면 한순간에 3천만 원의 원금 손실이 생긴다.

만약 금융상품에서 원금 손실이 발생하면 큰 소동이 벌어지지만, 자신이 보유한 부동산에서 원금 손실이 발생해도 태연한 것은 그 손실액이 눈에 보이지 않기 때문이다.

자산가치의 손실을 피하려면 지은 지 오래된 집(舊築)이 답이다. 지은 지 오래된 집을 싸게 사서 리모델링을 하게 되면 새 집을 사는 것보다 20%나 30%는 싸게 든다. 물론 오래된 아파트를 매입할 경우는 내진 설계라든가 수선충당금 등 고려할 사항이 있기는 하지만 도심에서도 쉽게 구매 가능한 물량들이 많이 있다.

그래도 깨끗하고 넓은 새 집을 선호하는 사람이 있을 수 있다. 물론 가능하다. 단, 아주 부자이거나 집을 자산가치로 고려할 필요가 없는 사람의 경우에 한해서이다.

자가(自家)를 소유하고 있다면 자산의 재편성을 고려하라

자신이 소유한 집에 대한 자산가치를 평가하는 것은 간단하다. 당장 인근 부동산에 가서 매매가가 얼마인지, 전세나 월세 가격이 얼마인지를 물어보면 된다,

부동산 그 자체는 자산이 아니다. 현금화 되어야 비로소 자산으

로 불린다. 토지는 3대 이상 가지 않는다는 말이 있듯이 일본의 상속세는 비싸서 선조 대대로 물려받은 토지를 꼭 붙들고 있다가는 부동산과 함께 사라질 위기에 처할 수도 있다.

인구가 감소하고 불경기가 지속 되면서 앞으로는 노후주택이 대량 시장에 공급될 것이다. 그리고 교외에 사는 사람들은 불편으로 인해 도심으로 대 이동하게 된다. 그래도 인기 있는 지역은 불황 등의 여파로 일시적으로 가격이 하락할 수는 있어도 곧 부활하게 된다. 위치가 좋으면 집이 낡아도 최고가가 유지된다. 반대로 교외의 집은 가격이 더 하락할 가능성이 크다. 이미 부동산을 보유한 사람은 '부동산'과 '자산'을 별도로 생각해서 자산가치가 없는 부동산을 매각해서 자산가치가 있는 부동산을 사는 식으로 자산의 재편성을 검토하면 좋을 것이다.

자가로 자산 형성하는 방법

자신이 보유한 집으로 자산을 형성하는 방법이 있다. 이것은 주택 대출금을 한 번이 아니라 여러 번에 걸쳐 받아서 집을 구매하는 점을 활용한 방법이다. 예를 들면, 독신의 경우 원룸 주택이나 원룸 아파트를 주택 대출금으로 취득한다. 결혼하면 그 원룸은 임대주고 새로운 주택 대출금을 받아서 조금 더 큰 집을 구매한다.

맞벌이 부부라면 방이 두 개 있는 집을 구매한다. 그리고 아이가 태어나면 그 집을 세를 주고 좀 더 큰 집을 주택 대출금으로 산다. 물론 여기서 잊지 말아야 하는 시점은 '집 임대료 - 주택 대출금 변제 - 제경비'가 플러스가 되는 물건을 선택하라는 것이다.

이렇게 하면 한 개의 물건에서 플러스의 현금흐름을 얻을 수 있어서 이것으로 두 번째 물건에 대한 주택 대출금을 변제할 수 있다. 즉 큰돈 안 들이고도 2주택자가 될 수 있는 것이다. 사람에 따라서는 이 방법으로 3주택자가 될 수도 있을 것이다. 개중에는 잦은 지방 전근을 이용해서 여러 지방에 자택을 소유하고 전부 임대로 주는 노련한 사람도 있다.

주택 대출금 상환이 끝난 첫 번째 집의 임대 수입은 온전히 자기 돈이 되며 주거비도 들지 않기 때문에 노후대책으로서도 아주 유용하다. 물론 주택담보 대출은 원래 자기가 거주하기 위한 집을 구매하기 위한 대출이기 때문에 일정 기간은 살아야 한다. 또 연봉이나 금융자산에 따라 빌릴 수 있는 대출 금액은 달라지기 때문에 부동산이나 은행에서 상담을 받아야 한다.(일본의 경우)

세입자 중에서 임대료가 비싸서 고민스럽다면 이사를 고려하는 것도 하나의 방법이다. 교외 지역으로는 급행이 정차하는 역에서 도보 10분 거리, 또는 일반 역이 정차하는 역에서 도보 3분의 물건으로 이사하면 비가 오는 날에도 문제가 없다. 도심에서 가까운 역이라면 전철을 타고 앉아갈 수는 없지만, 출발역으로 이사하면

10여분 지연되더라도 앉아서 통근할 수 있으며 쾌적하게 공부도 할 수도 있다. 지방에 살고 있다면 마이카 통근이 일반적이기 때문에 '임대료 + 주차비 + 주유비'를 한 세트로 비교를 해서 살 곳을 찾아볼 필요가 있다.

이사를 하려면 아무래도 이사비용이 든다. 따라서 이사를 한다면 계절은 여름에, 날짜는 평일에 할 것을 권한다. 아무래도 비수기다 보니 입주 희망자가 줄어들어 빈방을 소유한 집주인은 임대료가 들어오지 않아 초조해지기 시작한다. 따라서 하루라도 빨리 입주자를 구하려고 좋은 조건을 제시할 수 있다.

또 평일 여름은 이사비용도 저렴해서 휴가를 내서라도 할 만한 가치가 있다. 비수기에는 가격 흥정도 쉬우니 밑져야 본전, 말이라도 한번 해보는 것이 좋다.

남들과 다른 현명한 선택을 하라

고가품은 밸류체인의 꼭대기에서 사라

물건을 살 때는 밸류체인(value chain, 기업에서 경쟁전략을 세우기 위해 자신의 경쟁적 지위를 파악하고 이를 향상시킬 수 있는 지점을 찾기 위해 사용하는 모형을 말함)의 구조를 이해하는 것이 좋다.

밸류체인이란 연쇄적인 부가가치를 의미하는데 예를 들면, '원재료 조달 → 제조 → 물류 → 점포 판매'의 흐름을 말한다. 일반적으로 밸류체인의 아래쪽으로 갈수록 조금씩 부가가치가 더해져서 가격이 올라간다. 또 밸류체인에 종사하는 사람들이 많을수록 가격이 올라가는 경향이 있다. 따라서 물건을 싸게 사려면 밸류체인의 위쪽에서 사거나 혹은 밸류체인에 관련된 사람이 적은 곳에서 사거나 밸류체인의 중간 과정을 거치지 않고 사는 것이 좋다.

특히 고급 제품의 경우에는 즉각적인 효과가 있다.

가령 웨딩드레스의 경우, 웨딩드레스 샵에서 빌리는 것보다 중국이나 베트남 등에서 제작한 것을 사는 것이 싸게 든다. 인건비가 싸기 때문에 고품질의 저렴한 가격이 실현될 수 있다. 반지 등의 주얼리 상품은 개인 주얼리 디자이너에게 발주하는 것이 훨씬 저렴하다.

주문 제작 양복도 백화점에서 사는 것보다 개인 재단사에게 발주하면 3분의 2 정도의 가격으로 살 수 있다. 점포 운영 등의 비용을 절감할 수 있어서 저렴한 가격이 가능한 것이다.

오늘날에는 묘비까지도 온라인 쇼핑에서 팔고 있는데 이는 중간에 도매업자를 거치지 않아 저렴한 가격이 형성되기 때문에 가능한 일이다. 인테리어 공사도 대형업체에 의뢰하기 보다는 현지의 소규모 인테리어 업자에게 맡기면 훨씬 저렴하게 할 수 있다. 일을 도급하는 중간 업자에게 주는 마진이 발생하지 않기 때문이다.

내가 구매하는 '상품'이 어떤 과정으로 어떤 사람들의 손을 거쳐 내 손까지 오게 되는지에 대해서 흥미를 갖게 되면 밸류체인의 중간 과정을 뛰어넘어 싼 물건을 살 수 있다.

구매 대신 렌탈이라는 선택지도 있다

고가(高價)의 물건이나 비교적 사용 빈도가 높지 않은 것은 구매하는 대신 렌탈을 하는 것도 대안이 될 수 있다.

일단 구매한 물건은 언젠가는 낡지만 렌탈을 하게 되면 늘 최신의 상품을 사용할 수 있다. 파티 드레스나 명품 백도 빌릴 수 있고 심지어 침대까지 렌탈할 수 있다. 어쩌다 손님을 초대할 때도 고급 식기를 렌탈하면 된다. 자주 가지 않는 스키나 캠핑 제품 역시 렌탈로 해결할 수 있다. 부동산 투자를 할 때도 돈을 빌려서 투자할 수 있다. 스포츠카를 사면 가족들의 불평까지 얻어서 사는 셈이 되지만 렌탈로 해결하면 그럴 일도 없다. 렌탈은 비용을 줄이는 효과도 있지만 렌탈을 통해 얻게 되는 최대의 메리트는 마음의 자유다.

예를 들면, 집을 사지 않고 빌리면 장소에 구애받지 않고 거점을 이동하는 자유를 얻게 된다. 캠핑용품을 사지 않고 빌리면 집의 수납공간이 조금 더 자유로워진다. 자동차도 사지 않고 렌탈하면 세차나 차량검사, 자동차세, 자동차보험 갱신과 같은 수고로움으로부터 해방된다.

인력 파견 역시 노동력의 렌탈과 같은 개념으로 기업에는 인건비를 조절할 수 있는 여유가 생긴다. 우리 생활 속에 '렌탈'이라는 발상을 받아들이는 것도 고려해볼 만하다.

상품이나 서비스를 통해 기업의 마케팅 전략을 파악하라

행동경제학에 따르면, '송(松)·죽(竹)·매(梅)'의 세 가지 메뉴를 설정해 놓으면 많은 사람이 '죽'을 선택한다고 한다. 가령 A 런치가 8,500원, B 런치가 7,500원으로 두 종류가 있으면 대부분이 B 런치를 선택하기 때문에 매출이 잘 오르지 않는다. 그런데 A 런치 위에 스페셜 런치 10,000원을 설정해 놓으면 예상대로 A 런치를 선택하는 사람이 늘어 매출도 올라서 마케팅 전략이 성공하게 된다.

휴대전화 요금제도 예외가 아니어서 주변의 요금제를 복잡하고 어렵게 만들어 놓고 통신사에게 가장 유리한 요금제를 선택 하도록 유도하는 수가 있다. 그때 '귀찮으니까 그걸로 하죠'라고 말하면 그들의 수법에 말려들어 이용당하게 된다. 즉, 생각을 안 하는 대가로 비싼 돈을 치르게 되는 것이다. 어떻게 하면 고객으로부터 더 많은 돈을 받아낼지를 머리 좋은 사람들이 필사적으로 생각해서 상품과 서비스를 만들고 있다. 따라서 그 상품을 구매하는 소비자의 입장에 서서 생각하지 않으면 상대방의 노림수대로 자신에게 불리한 계약을 맺게 되는 것이다.

따라서 매력적으로 보이는 그 상품이나 서비스를 기업 측에서 어떤 노림수로 내놓고 있는지를 역으로 생각해 보도록 하자. 그것을 제대로 파악하게 되면 판매자의 노림수에 쉽게 넘어가지 않을

뿐더러 꼭 필요한 물건인지를 냉정하게 판단할 수 있게 된다. 그런 식으로 기업의 마케팅 전략을 제대로 파악하게 되면 이 세상에는 없어도 그만인 상품과 서비스들로 넘쳐나고 있다는 사실을 깨닫게 된다. 다시한번 강조하지만, '생각하기를 귀찮아하면 결국 호구가 된다.'는 사실을 명심하자.

택시를 자가용 대용으로 사용하라

많은 사람이 지적하듯이 자동차는 '돈 먹는 하마'다. 차량 자체의 가격은 물론 주차비, 주유비와 자동차보험, 자동차 검사, 자동차세 등의 유지비가 많이 든다.

따라서 수도권에서는 자동차를 사지 않고 렌터카나 지하철을 이용하는 사람이 늘고 있다. 그러나 예약하기, 빌리러 가기, 기름 채우기, 반납하기 등의 번거로움을 생각하면 이 또한 귀찮기는 마찬가지다. 그래서 택시를 자가용 대용으로 이용해 보자. 택시라면 손 한번 올리면 바로 탈 수 있고 원하는 곳에서 내릴 수 있다. 콜택시나 어플에서 택시를 예약할 수 있어 편리하다. 주차장을 찾느라 헤맬 필요도 없고 술을 마셔도 문제가 될 것이 없다.

택시 요금이 비싸다는 선입견이 있지만, 매일 한 번 탈 때 만 원이 든다면 1년이면 360만 원이다. 편의점을 냉장고 대용으로 이용하는 젊은이들이 있듯이 거리에 넘쳐나는 택시를 자가용 삼아

자유자재로 활용한다는 발상도 나쁘지 않다.

판매자의 심리를 파악하라

가격 흥정을 통해 물건을 싸게 살 수 있는 날이 따로 있을까? 답은 '있다'이다.

바로 '매달 마지막 일요일'이 그렇다. 다른 기업들과 마찬가지로 소매업에도 매월 예상 매출액이 있다. 그리고 그것은 점포마다 정해져 있으므로 점장은 매출액을 달성하려고 매일 고군분투한다. 그런 점장의 기분을 생각하면 매출 목표에 미달했을 때는 가격을 인하해서라도 매상을 올려야 하기에 가격 흥정이 가능하다.

그렇다면 왜 매달 마지막 일요일인가? 평일에는 손님이 많지 않기 때문에 주말이 돈을 버는 좋은 기회이기 때문이다. 즉 마지막 일요일의 매출에 따라 그달의 매출액 달성도가 정해지기 때문에 가격 흥정이 잘 될 수밖에 없다. 상대방의 약점을 노려서 원하는 바를 달성한다고 생각할 수도 있겠으나 예산 달성을 도와준다는 의미도 있으므로 당당하게 가격을 흥정해보자. 단, 패션의 경우에는 세일 마지막 날에 가면 좋은 물건이 다 팔려나가서 원하는 것을 살 수 없을 수도 있다. 따라서 가전제품처럼 대량 생산되는 분야의 물건들이 여기에 해당한다고 할 수 있겠다.

앞에서도 언급했던 임대료 흥정도 그렇지만 판매자 입장에 서서 생각해 보는 습관을 갖게 되면 제품을 저렴하게 사기 위해 어떤 행동을 해야 하는지 알게 될 것이다.

남들과 똑같이 행동하면 돈이 많이 든다

장사할 때 돈을 많이 버는 조건 중 하나는 '사람이 많이 모이는 곳'에서 장사를 하는 것이다. 사람이 많이 살고 있지 않은 동네에 가게를 내는 것보다 대도시 중심부에 가게를 내는 것이 낫고 인터넷의 경우는 접속자 수가 많은 웹사이트에 광고하는 것이 낫다는 것이 상식이다. 하지만 기업의 입장은 사람이 많이 모이는 쪽이 돈을 번다고 했을 때, 반대로 고객의 입장은 사람이 많이 모이는 곳에서는 비싼 돈을 치르게 된다는 말이 된다. 따라서 잘 나가는 기업의 물건을 자신의 의도와 상관없이 살 수도 있다는 생각도 함께해 보는 것이 좋다.

"남들과 똑같이 행동하면 비용이 많이 든다."

예를 들면 여행이 그렇다. 많은 사람이 여행하는 성수기에는 여행비나 호텔비 모두 무척 비싸다. 시내 번화가에 주차하면 낮 시간대보다 밤 시간대 주차비가 훨씬 비싸다. 많은 사람이 이사하는 봄, 가을에 이사하면 이사비용이 비싸고 이사비용 흥정도 어렵다.

이 원리는 시간에도 적용된다. 연휴에 차로 나들이라도 할라치면 고속도로는 정체되고 엄청나게 많은 시간을 낭비하게 된다. 25일에 ATM에 가면 많은 사람이 줄을 서 있다.(일본 월급날은 25일이 많다) 12시에 점심을 먹으려면 오래 기다려야 한다. 이처럼 남들과 똑같이 행동하는 것이 얼마나 큰 손해를 보는 일인지 이제 깨달았으리라 생각된다. 그러면 여기서 잠시 상상력을 발휘해서 남들과 다른 행동을 해 보도록 하자. 여행은 비수기 평일에 가며 밤에 시내 번화가에 갈 때는 택시를 타고 간다. 또 이사는 여름에 하며 월급일을 피해서 은행에 간다. 점심 식사는 12시대를 피해서 간다. 이렇게 남들이 하는 행동과 겹치지 않게 조금만 신경 쓰면 시간 낭비를 줄이는 저비용의 생활을 할 수 있다.

스트레스를 '발산(發散)'하기 위해 돈을 쓰지 마라

스트레스가 쌓이면 많은 사람이 술을 마시러 가거나 쇼핑을 하고 게임을 하는 등의 스트레스 발산 행동을 한다. 금요일에는 직장 동료들과 술을 마시러 가서 푸념을 늘어놓고 상여금을 받으면 쇼핑을 하는 등의 행위가 그런 것들이다. 그러면 아무래도 낭비를 하게 되어 기껏 모은 돈이 한순간에 사라지고 만다.

그렇게 되지 않기 위해서 스트레스를 '발산'하는 대신 발상을 전환해서 적극적으로 스트레스를 '해소(解消)'하는 행동을 취해보자.

다시 말해서 스트레스를 뿌리째 뽑자는 것이다. 왜냐하면, 스트레스의 근원을 없애지 않는 한 영원히 스트레스 발산 행동을 되풀이해야 하기에 정신적으로나 금전적으로 건강한 상태에서 해방되기가 어렵기 때문이다.

필자 주변에 성공한 사람들을 보면 스트레스 발산이라는 발상 자체가 없는 사람들이 대부분이다. 요컨대 스트레스가 쌓이지 않는 생활 방식과 업무 방식을 취하기 때문이다. 물론 사회생활을 하면서 스트레스의 뿌리를 완전히 뽑아 버린다는 것은 사실상 어려운 일이다. 하지만 '나의 스트레스의 근원은 뭘까?', '그 스트레스는 어떻게 하면 없어질까?'를 생각해 보도록 하자. 스트레스의 많은 부분은 인간관계에서 온다고 한다. 남들로 인해 내 마음이 산란해지는데 내 돈을 써야 한다는 것은 너무 아까운 일이 아닐까?

그래서 필자가 좋아하는 명언 하나를 소개하겠다. 작가인 오타니 유리코(大谷由理子)씨가 한 말이다.

> "내 자존감을 높이자고 하는 일인데 남의 일로 안달복달할 시간이 어디 있어?"

2장_정보 분석을 통해 돈을 관리하는 재능

1. 정보 감각을 연마해서 통찰력을 기르자
2. 무엇에 투자할 것인가 보다 무엇이 가장 효용 가치가 높은가를 생각하라
3. 투자 어드바이저는 과연 신뢰할 수 있을까?
4. 인플레이션과 디플레이션에 대처하는 방법
5. 다방면에서 정보를 습득하라

정보 감각을 연마해서 통찰력을 기르자

정보에 휘둘리지 말고 의표를 찔러라

TV나 신문 등의 대중매체에서 '불황'이라는 말을 접하면 사람들은 제일 먼저 지출을 줄일 생각을 한다. 그래서 한 사람당 10만 원씩 지출을 줄이면, 인구가 1억 명이면 10조 원의 내수가 사라지게 된다.

독감이 유행한다는 보도를 접하면 거리에서 마스크를 쓴 사람이 늘어나고 그 모습을 본 사람들은 다들 마스크를 사기 위해 약국으로 달려간다. 조류독감(AI)이 유행한다고 보도되면 관련 식당에 손님들의 발길이 끊기고, 보도가 사라지면 다시 손님들이 돌아온다. 히트 상품으로 화제가 된 기업은 대학 졸업생들의 취업 희망 1순위가 되고, 고속도로의 통행료가 내린다고 보도 되면 고속도로는 주차장을 방불케 할 정도로 정체된다. 중국산 식품의 품질 문제가 보도되면 중국에서 잡힌 생선까지 팔리지 않게 된다. 바다에는 국경이 없는데도 말이다.

이러한 행동은 모두 정보 때문에 생기는 것으로, 우리의 행동은 정보에 의해 지배당하고 있다고 해도 과언이 아니다. 거꾸로 말하면 정보를 잘 분석해서 통찰하면 사람들의 의표를 찔러 남보다 유리한 상황에 놓일 수 있다는 얘기가 된다.

불안을 부추기는 뉴스에 휘둘리지 마라

2008년 가을부터 시작된 금융 위기로 인해 자동차 산업이 급속도로 침체가 되었다는 것은 모두가 알고 있는 사실이다. 하지만 당시에는 생산량 감소, 인원 감축, 공장 폐쇄 등의 뉴스가 연일 대중매체를 통해 보도 되었고 비정규직 문제로까지 발전하였다.

하지만 한번 냉정하게 생각해보자.

자동차 수요는 다소 감소할지 모르나 수요가 아예 없어지는 것은 아니다. 지방에서는 자동차가 생활필수품이고 물류의 주요 수단이라는 사실에는 변함이 없다. 소유하고 있는 자동차가 오래되면 언젠가는 새로 바꾼다. 법인이 소유하는 운송회사의 트럭이나 영업용 자동차는 리스 기간이 끝나면 다시 재계약하기 때문에 거기에서도 새로운 구매가 발생한다.

자동차 제조회사들은 생산량 줄이고 재고를 소진하기 위해 힘을 쏟는다. 그 결과 보유하고 있던 재고가 동이 나면 어떻게 할까? 생산을 재개한다. 그러면 뉴스에서는 자동차 생산량을 '증산(增産)'하게 되었다는 내용을 뉴스로 내보낸다.

실제로 2009년 8월에는 미국과 일본의 자동차 제조회사는 일제히 자동차를 증산한다는 보도를 내보냈다. 토요타 자동차도 2007년 이후 5천 엔 가까이 되었던 주가가 2008년 가을에는 3천 엔보다 낮은 수준까지 하락했다. 하지만 2009년 봄에 재고 조정이 끝나자 같은 해 8월에는 주가가 4천 엔 대로 회복했다.

이러한 상황은 자동차 산업에만 국한된 것이 아니다. 불황 후에 어김없이 찾아오는 것은, '실적의 상향 조정', '수익증대', '최고치 경신'이다. 이유는 전년도 실적이 매우 나빴기 때문이다. 전년도 실적이 매우 나빠서 다음 해에 실적이 보통 수준이어도 전년도와 비교하면 좋게 비추는 것이다. 그러면 사람들은 과거의 일은 깨끗이 잊어버리는 습성이 있어서 '실적, 전년 대비 두 배 증가' 등의 말만 듣고 주가를 상승시키는 행동을 취하게 된다.

이렇게 해서 다시 돈이 움직이기 시작하고 경기가 회복 기조로 돌아선다. '산이 있으면 계곡이 있다'는 말이 있듯이 경기는 그렇게 순환한다.

자본주의가 붕괴한다, 국가가 파산한다, 닛케이지수 평균이 5

천 엔까지 내려간다는 등의 여러 미래 예측이 난무하는데, 무엇보다 단기 변동만으로 쉽게 흔들리지 않는 것이 바람직하다.

일본의 금융계에서 유명한 이야기가 있는데, '예상을 뒤집으면 거짓말이 된다.'는 것이다.

열 수 앞을 읽어내는 훈련을 하라

버스 정류장에서 버스를 장시간 기다렸다고 하자. 오랜 시간 기다린 버스가 드디어 왔는데 초만원이다. 그러면 당신을 이런 생각을 할 것이다.

'피곤해 죽겠는데 30분 동안이나 서서 가는 것은 너무 힘들어. 다음 버스를 기다리는 게 좋겠어. 그런데 다음 버스에도 사람이 많으면 어떻게 하지?' 이 버스를 탈 것인가?, 아니면 다음 버스를 기다릴 것인가? 만약 급한 용무가 없다면 아마도 다음 버스를 기다리지 않을까? 그 이유는 다음과 같다.

버스는 일정한 시간 간격으로 달린다. 앞의 버스가 사람을 많이 태우면 그만큼 지체된다. 다음 버스는 앞의 버스가 앞서서 기다리던 승객을 모두 태우고 가기 때문에 버스 정류장에서 정차하는 빈도가 준다. 그래서 버스 간 거리가 좁혀지고 마침내 두 버스가 나란히 달린다. 그래서 앞의 버스가 만원이면 다음 버스는 텅텅 빌 것이다! 이렇게 생각하면 '다음 버스를 기다리자'라는 결론에 도

달한다. 이 예상이 적중하게 될 지 알 수는 없지만, 이것이 '가설(假說)'이다.

세상에 정보는 넘쳐나게 많지만 모든 정보를 수집하는 것은 어렵다. 그렇기에 제한된 정보 속에서 얼마나 힌트를 끌어내는지가 중요해진다. 즉 가설을 세우는 것이다. '이렇게 하면 이렇게 된다.' 식의 한 수 앞뿐 아니라, 장기나 체스를 둘 때처럼 '그러면 이렇게 될 수도 있지 않을까?' 식으로 열 수 앞을 읽어내는 것이 중요하다.

그렇게 자주 앞을 내다보는 훈련을 하다 보면 앞으로의 세계 경제가 어떻게 변해갈지에 대한 통찰력이 100% 적중은 아니더라도 조금씩 생기게 된다.

세상의 모든 정보는 편향되어 있다

금성(金星)의 표면은 어떤 형태인가, 라는 질문을 받으면 우리는 '분화구처럼 울퉁불퉁한 모양'이라고 대답할 것이다. 하지만 대부분은 금성의 진짜 모습을 자기 눈으로 직접 본 것이 아니라 대중매체를 통해 얻은 정보를 그대로 받아 옮기고 있는 것에 불과하다.

즉 대중매체가 여론을 형성하고 우리의 세계관을 만든다. 따라서 그 영향력은 헤아릴 수 없을 만큼 크다. 그래서 대중매체는 쉽게 기업을 소멸시키기도 하고 사람을 자살로 몰고 갈 수도 있는 것이다. 그렇다고 해서 반드시 대중매체가 나쁘다고 말할 수는 없다. 왜냐하면, 그 대중매체를 유도하는 것은 그 누구도 아닌 우리 자신이기 때문이다. TV 시청률과 판매 부수라는 숫자를 만드는 것은 나와 그리고 여러분이기 때문이다. 대중매체는 그 숫자를 쫓아서 움직일 뿐이다. 광고주에 대한 배려가 당연시 되고 주요 고객이 불리한 보도는 일절 하지 않는다는 것은 다 아는 사실이다.

즉 정보란, 정보를 전달하는 측이 의도를 지니고 있으므로 반드시 정확하지는 않다는 것이다. 설령 사실이라고 해도 편집이나 연출 방식에 따라서 선(善)이 악(惡)으로, 악이 선으로 둔갑할 수 있다는 것을 전제로 이해할 필요가 있다.

무엇에 투자할 것인가 보다 무엇이 가장 효용 가치가 높은가를 생각하라

삶의 방식을 통해 최적의 자산 형태를 결정한다.

"주식이 낫다거나, 부동산이 낫다거나"하는 문제보다 자신의 가치관과 라이프 스타일, 또 경제 사정에 비추어서 지금은 어디에 자산을 분배하는 것이 현명한지를 생각해 보는 것이 좋다.

지금의 자산 형태보다 조금 더 높은 가치를 창출하는 형태, 조금 더 만족도가 높은 형태는 무엇일까? 이것은 사람에 따라 또는 시대 상황에 따라 다르다.

현금보다 주식이 더 큰 가치를 창출한다고 생각하는 사람은 주식에 투자하면 되고, 주식보다 부동산이 더 안정적으로 부를 창출한다고 생각하는 사람은 주식을 팔아서 그 자금을 부동산에 투자하면 된다. 혹은 창업을 목표로 하는 사람이라면 리스크 자산에 투자하는 대신 은행에 예금하면 된다.

노후에 해외에서 장기 체류하며 즐기고 싶은 사람은 그 나라의 채권이나 정기 예금에 돈을 넣고, 부부가 여행 삼매경에 빠져 살고 싶은 사람은 여행적금(이것이 꽤 이율이 높다!)에 자금을 넣어두면 된다. 이때 중요한 것은 자신의 성격을 아는 것이다. 자신의 성격이 예민하고 신경질적인지, 명랑한지, 비관적인지, 낙천적인지, 스릴을 즐기는 타입인지, 안정을 추구하는 타입인지를 알면 그에 따라서 비즈니스 스타일과 투자 대상이 달라지기 때문에 자신에게 맞는 것을 선택할 수 있다.

'무조건 돈을 벌고 싶다'보다 '돈의 효용성을 가장 잘 높이는 방법'이 무엇인지 생각해야 한다. 그것은 자신의 생활 설계와 밀접하게 연관되어 있기에 먼저 자신이 어떤 삶의 방식을 원하는지를 아는 것이 출발점이 된다.

경제와 금융 사이클에 맞게 자산분배를 바꾼다

다음으로 여유 자금을 어떻게 움직일까를 생각해야 한다.

경기는 좋았다가 나빠지기도 하고 금리는 오르다가 내릴 때가 있으며 인플레이션 또는 디플레이션이 되기도 하는 등 경제 환경은 다양하게 변화한다. 따라서 한가지 대상으로 계속 운용하기보다 그 시대의 환경을 직시하며 '돈을 어떤 형태의 자산으로 두는 것이 가장 효율적'인지를 생각할 필요가 있다.

가령 앞으로 환경 붐이 일어난다고 생각하는 사람은 환경 관련 주에, 급성장이 예측되는 나라가 있다면 건설이나 자재 관련 주식에 자산을 투자할 것이다. 부동산이 오른다고 생각하면 부동산에, 자원이 폭등한다고 생각되면 원자재(원유, 백금, 대두 등)에, 디플레이션이 계속 이어질 것으로 생각하는 사람은 현금을 그대로 보유하고 있을 것이다.

해지펀드*의 자금이 대량으로 이동하는 것은 지금 세계 어느 나라의 어느 섹터에 자금을 시프트 하는 것이 가장 효율적인지를 항상 조사하고 있기 때문이다. 우리가 정보 수집에 들이는 시간은 헤지펀드 만큼 많지 않다. 하지만 항상 그런 의식을 갖다 보면 컬러 배스 효과(color bath effect, '색을 입힌다'는 의미로 한가지 색깔에 집중하면 해당 색을 가진 사물들이 눈에 띄는 현상)에 의해 생활 속에서 무의식중에 정보가 자연스럽게 수집된다.

◆ 경기 변동에 맞춰 자산 형태를 바꾼다

경기 상태	하락 국면 → 현금으로 바꾼다
	상승 국면 → 주식이나 부동산으로 바꾼다

***헤지펀드(Hedge Fund)**
사모펀드의 일종으로 소수의 투자자로부터 자금을 모집하여 리스크를 분산시키면서 수익을 추구하는 펀드.

이율 자체를 비교하는 것은 의미가 없다

이율은 투자 판단의 중요한 지표지만 이율만으로 판단하면 안 된다.

투자사기를 당하는 것도 높은 이율만 추구하기 때문이다. 가령 부동산 투자시의 이율은 일본의 경우 도심부에서는 6% 전후, 수도권에서 8~10%, 교외에서는 10~15%, 오래된 물건은 20%대이다. 하지만 도심에서 멀수록 일반적으로는 공실의 리스크가 높고 물건이 낡으면 수선비가 많이 든다. 그런 리스크가 있기에 높은 이율로 나와 있는 것이다. 즉 교외는 리스크가 높은 만큼 이율이 10% 이상이 되지 않으면 구매할 사람이 없다는 의미이기도 하다.

마찬가지로 신흥국의 국채 이율이 7~10%로 높은 것은 리스크로 인해 이율을 높게 책정하지 않으면 아무도 매입하지 않기 때문이다. 대형 부동산 회사가 스폰서로 있는 J-REIT*의 이율은 낮은 반면, 신흥부동산 회사가 스폰서인 J-REIT의 이율이 높은 것도 리스크를 반영하고 있기 때문이다. 다시 말해서 이율이 높다는 것은 리스크가 크다는 말이다. 따라서 이율이 높은 쪽이 좋다고 생각하는 사람은 높은 리스크 비용까지 얹어서 받아들일 각오를 해야 한다.

또 한 가지 알아야 할 것은, 이율은 은행 등 금융권의 보증이 없는 한 현시점의 스냅샷(snap shot)에 지나지 않는다는 것이다. 금융상품은 시간의 경과와 환경의 변화에 따라 이율도 변동한다. 주식의 경우 배당금을 줄이거나 무배당이 될 수도 있다. 외환의 경우 금리 인하로 스와프 포인트*가 줄어들 수 있다. 부동산이라면 공실이 발생할지도 모른다.

따라서 당장의 이익만 보고 달려들지 말고 그 이익을 몇 년간 유지할 수 있는지, 또 그 근거는 무엇인지를 생각해 보는 것이 중요하다.

***스와프 포인트(swap point)**
선물의 환율을 결정하기 위하여 통화의 이자율 차이를 환율로 표시한 것.

***J-REIT(일본판 부동산투자신탁)**
부동산에 분산투자하는 투자신탁을 말하며, 일본에서 상장된 것을 J-REIT라고 부른다.

투자 어드바이저는 신뢰할 수 있을까?

돈 못 버는 사람이 어드바이스 하는 신기한 세상

일명 '투자 컨설턴트', '파이낸셜 플래너', '경제평론가', '경제 애널리스트'라 불리는 사람들이 투자나 자산운용 관련 책을 출간하고 세미나를 개최하고 있다. 필자도 그중 한사람이다.

여기서 문제가 되는 것은 가난한 파이낸셜 플래너와 자신이 직접 투자를 해본 적도 없는 평론가가 부적절한 어드바이스를 하는 것이다.

물론 시장의 상황이나 구조를 이해한다는 차원의 지식을 얻기 위한 것이라면 그들의 정보가 유익할 수 있다. 하지만 무엇보다도 중요한 '돈을 버는 기술'에 대해서는 어떨까?

골프를 한 번도 친 적 없는 사람이 『골프 잘 치는 기술』과 같은 책을 쓰지는 않는다. 하지만 돈의 세계에서는 왜 그런지 모르겠지만, 경험이 없는 사람과 투자에서 수익을 내는 기술을 갖추지 못한 사람이 많은 책을 출간하고 있다. 더구나 그것을 아무도 이상하게 여기지 않고, 그 사람의 인지도나 베스트셀러 작가라는 이유로 그런 책들이 오히려 잘 팔리는 희한한 일이 벌어진다. 나도 궁금하다 그런 사람들의 자산이 얼마인지? 본인의 관심분야의 책을 살 때에는 저자에 대해 꼭 체크해 보길 바란다.

필자도 속칭 전문가라는 사람을 몇 명 만난 적이 있는데, 꾸준한 수익을 내는 기술을 보유한 사람은 매우 드물었다. 오히려 책을 홍보하고 세미나와 상품을 판매하는 것으로 돈을 벌고 있다는 인상이 강했다. 출판사나 작가는 오직 책의 판매에만 목적이 있는 것이다.

물론 훌륭한 사람도 있다. 훌륭한 투자 전문가들의 공통된 점은 '직접 투자를 해서 지식과 경험과 기술을 연마하고 있다'는 것이다. 직접 돈을 투자해 보고 시장과 맞서면서 실제로 성과를 내는 사람이 하는 말이야말로 우리가 진정 귀 기울여 들을 가치가 있는 것이 아닐까?

좋은 어드바이저와 나쁜 어드바이저 구별법

좋은 어드바이저와 나쁜 어드바이저를 구별하는 방법 가운데 하나로, '어떤 방법으로 얼마나 돈을 벌었는가?'를 조사해 보는 것이 있다. 서점에 가면 투자로 돈을 버는 책과 자산운용을 권하는 책들이 수두룩하다. 거기서 저자 프로필을 보고 저자가 운영하는 홈페이지나 블로그 등 기사를 검색해 보자.

거기에 투자로 수익을 내고 있는 행적을 찾아볼 수 있는지, 혹은 책 본문 중에 자신의 투자 방법이나 비법을 소개하고 있는지를 알아보자.

나를 부자로 만들어주는 어드바이저란?

앞에서 예로 든 것 외에 또 하나의 방법은 그 정보를 제공하는 사람의 입장이 무엇인지를 이해하는 것이다. 책의 저자나 세미나 강사는 각각의 소속과 입장이 있어서 자신들이 돈을 벌 수 있도록 독자와 청중을 유도하는 경우가 있다. 증권회사에 소속된 사람이나 파이낸셜 플래너라면 주식과 투자신탁을 권할 수 있고, 투자 컨설턴트는 해외 투자나 교육용 프로그램을 판매할 수도 있다. 그것이 좋다거나 나쁘다는 것이 아니라 다들 그렇게 하고 있다는 것을 말하는 것이다. 이쯤에서 필자의 입장도 분명히 밝혀놓겠다. 필자의 본업은 부동산 투자 컨설턴트다. 즉 부동산 중개 비즈니스

이기 때문에 부동산업자로서의 입장을 가진다. 그리고 현역 부동산 투자자이기도 하다. 따라서 부동산 투자에 관한 이야기를 비교적 자주 하는 편이다.

따라서 독자 여러분이, '결국 자기 장사 홍보를 하고 있구나'라고 느끼는 것도 당연하다. 따라서 이 책을 읽는 독자 여러분도 필자의 말에 대해 에누리해서 듣고 많은 의심을 품고 읽어주기 바란다.

참고로 필자는 지금까지의 저서에서도 썼듯이, 임대 수입만으로도 충분히 생활할 수 있을 만큼의 수입이 있다. 그 액수는 실수익으로 연간 약 3억 정도의 수입이 된다. 또 주식과 외환, 상품선물, 닛케이 225선물도 하면서 몇 억을 벌기도 하고 동시에 몇 억을 잃기도 하면서 평균적으로 연간 5억 원 정도의 수익을 올리고 있다. 많으면 많고 적으면 적은 돈이지만 꾸준히 수익을 올리고 있다.

그런 배경을 알고 이 세상의 온갖 정보들은 편향되어 있다는 것을 전제로 접한다면, 어떤 어드바이저가 나를 부자로 만들어 주고 어떤 어드바이저가 내 주머니에서 돈을 빼앗아 가는지 알게 될 것이다.

인플레이션과 디플레이션에 대처하는 방법

인플레이션과 디플레이션을 개인이 고려해야 할까?

인플레이션 때는 자산가치가 줄어들기 때문에 '주식이나 부동산에 투자하는 것이 낫다'는 말들을 많이 한다. 분명히 인플레이션에 대응할 수 있다면 그러는 편이 바람직하다는 것은 두말할 필요도 없다. 하지만 필자는 보통의 개인이 자산운용을 할 때 인플레이션이나 디플레이션을 신경 쓸 필요는 없다고 생각한다. 왜냐하면, 보통의 개인이 운용 여부에 따라 자산규모가 바뀔 정도의 인플레이션 격차는 벌어지지 않으리라는 것이 필자 나름의 가설이기 때문이다.

인플레이션이 된다고 하면 다음의 시나리오가 가능하다.

'돈이 넘치는 현상에 의한 인플레이션'과 '경기 호황에 의한 인플레이션', '수요 초과에 의한 인플레이션', 그리고 '자원 인플레이션'이다. 여기에 대해 하나씩 설명해 보기로 하겠다.

돈이 넘치는 현상에 의한 인플레이션

돈이 넘치면 화폐가치가 떨어져서 인플레이션이 일어난다. 분명히 이론상은 그렇다.

2008년 가을 이후에 세계 여러 국가의 중앙은행이 쉴 새 없이 찍어낸 화폐는 수천 조에 달한다고 하는데, 그것이 소비와 설비투자로 흡수되지 않으면 돈이 넘치게 된다. 하지만 넘치는 것은 일반 가계의 돈이 아니라 금융기관과 기관투자가의 돈이다. 2000년대 전반에도 돈이 넘쳐서 펀드의 자금으로 부동산을 취득하는 바람에 M&A가 활성화되었다. 하지만 우리 주머니 속사정은 좋아지지 않았고 소비는 활기를 잃어 물가가 상승하기는커녕, 디플레이션 상태였다. 이때 상승한 것은 주식과 원자재(commodity)와 부동산이었으며 이른바 자산 인플레이션이라 불리는 상태였다. 하지만 이것도 펀더멘탈(경제전반의 상황)로서의 인플레이션이 되기 전에 원래 상태로 돌아가고 말았다.

즉 돈이 넘치는 현상에 따른 인플레이션은 쉽게 버블을 일으켜서 언젠가는 폭락하기 때문에 감이 좋은 사람만 돈을 벌게 된다.

경기 호황에 의한 인플레이션

필자가 태어난 1970년대는 아이스크림은 거의 500원이었고 천 원짜리 아이스크림은 좀처럼 보기 힘들었다. 통계상으로도 소비자 물가지수를 보면 분명히 물가는 전반적으로 상승했다. 하지만 당시와 지금을 비교하면 소득수준에서 큰 차이가 난다. 가계의 소득이 늘면 쓸 수 있는 돈도 늘어나기 때문에 물건의 가치는 상승한다. 그렇다면 왜 가계소득이 늘어날까? 이유는 기업의 실적이 올랐기 때문이다. 기업이 돈을 벌면 지불해야 하는 임금의 파이도 함께 커진다는 것은 이해할 수 있을 것이다.

그렇다면 과연 일본이 앞으로 경기 호황을 누리게 될까?

예전의 고도성장기 시절과 같은 환경은 꿈도 꿀 수 없으며, 저출산과 고령화가 계속 진행된다면 내수가 감소할 가능성이 크다. 물론 저축 부자인 고령자가 돈을 펑펑 써 준다면 다른 이야기지만 기대하기는 힘든 현실이다.

수요 초과에 의한 인플레이션

예전에는 제품이 각 가정에 골고루 미치지 않아 수요가 공급을 상회하여 물가를 부추기는 상황이 연출된 적이 있다.

하지만 오늘날은 제품이 남아도는 시대여서 단일 상품과 서비스가 수요 초과 현상이 나타나도 물가를 크게 끌어 올릴 정도의 수요가 증가할 가능성은 없다고 볼 수 있다.

자원 인플레이션

원유나 밀가루 등의 자원과 원자재 가격의 상승으로 인해 가격이 오르는 자원 인플레이션이 가장 가능성이 큰 시나리오다. 원유 가격이 오르면 석유가 들어가는 재료는 물론 거의 모든 제품의 가격이 상승한다. 한 예로, 비닐하우스에서 채소를 재배하는 데도 등유가 필요하다. 육류나 과일도 해외에서 선박이나 항공편으로 운송하는데, 연료 가격이 상승하면 운송비도 따라서 오르고 그 비용은 소매가격에 그대로 반영된다.

2006년 전 세계 인구 수는 60억 명 이었으나, 20년이 지난 지금은 78억 명 중반을 넘었다. 인구가 증가하면 식량의 수요도 따라서 증가하는데, 가령 옥수수는 식량이면서 동시에 가축의 사료이기도 해서 가축 수가 늘면 사료의 수요도 증가한다. 또 사탕수수와 옥수수는 바이오에탄올 연료의 원료로도 사용되고 있어 수요와 공급의 균형으로 인해 가격이 상승할 가능성이 있다. 그렇게 되면 소득수준에 변화가 없어도 제품의 가격 상승으로 인해 가계가 압박 받는 일은 충분히 일어날 수 있다. 이에 대응하고자 PB상품(private brand goods, 백화점 · 슈퍼마켓 등 대형소매상이 독자적으로 개발한 브랜드 상품)의 적극적인 시장 투입으로 인플레이션 압력을 억제하는 움직임이 최근에 생기고 있다. 하지만 가격의 저가화(低價化)는 기업의 실적을 억제하는 것이지만 우리로서는 소득의 감소가 더 걱정스러운 부분이다.

자원 인플레이션의 경우 자산운용으로는 대처할 방법이 없다. 굳이 말한다면 상품선물거래를 하는 사람과 상사·석유·원재료(原材料) 회사·자원 관련 주를 가지고 있는 사람이 돈을 벌 가능성이 있다는 정도이다. 경제학적으로는 인플레이션이 되면 장기 금리가 상승하고 은행예금 금리도 높아지므로 은행에 예금하면 이자가 붙는 데다 화폐가치의 하락을 막아주는 효과도 있다고 한다. 이것을 피셔 효과(fisher effect, 시중금리와 인플레이션 기대심리와의 관계를 말해주는 이론으로 시중 명목금리와 실질금리의 차이는 인플레이션 예상치와 같다는 이론)라고 한다. 그러고 보니 필자가 대학에 입학한 1990년에 아르바이트로 번 돈을 신탁은행에 맡겼는데 분명히 5% 정도의 이자가 붙었던 기억이 난다.

지금까지 살펴보았듯이 개인이 할 수 있는 인플레이션 대책은 극적인 경제 변동이 없는 한 그다지 현실성 있어 보이지는 않는다.

디플레이션일 때 은행에 예금하는 것이 이득일까?

버블 붕괴 후인 1990년대 이후를 디플레이션 경제라고 한다. 그렇다면 화폐가치가 상승하기 때문에 이론상으로는 아무것도 하지 않고 은행에 예금해 두는 이른바 '현금에 투자'하는 것이 더 이익이어야 한다.

정말 그럴까? 실제로 물가는 내렸지만, 소득은 늘지 않아 살림살이가 편해졌다는 것을 실감하지 못 하는 사람이 더 많았던 것 같다. 이처럼 예전의 고도성장 시절이나 버블경제 시대라면 몰라도 앞으로의 불투명한 시대에는 인플레이션 대책이나 디플레이션 대책의 효과에 대해서는 의문을 제기할 수밖에 없다. 따라는 필자는 인플레이션 대책이나 디플레이션 대책을 위해서 운용하기보다는 이 책에서 소개하는 '돈의 다섯 가지 재능'을 연마하는 것이 결국에는 예측할 수 없는 여러 상황에 대한 대비책이 되지 않을까 생각한다.

다방면에서 정보를 습득하라

정반대의 주장을 받아들여라

지구 온난화 방지와 탄소배출을 줄이자는 움직임에 이의를 제기하는 사람은 많지 않을 것이다. 사실 필자는 오래전부터 지구 온난화 방지를 위해서는 '탄소 배출을 줄여야 한다'는 생각을 갖고 있었다. 하지만 당시에 정부나 대중매체가 그런 말을 할 때는 무관심 했고 생각조차 하지 않았다.

'탄소 배출량 증가'와 '기온 상승'이라는 데이터가 있으면 누구나가 '탄소 배출량을 줄여야 한다'고 생각한다. 일본 정부는 IPCC(Intergovernmental Panel on Climate Change, 기후변화에 관한 정부 간 패널)의 제언을 기반으로 정책을 입안하고 신문도 정부의 발표를 그대로 실었다. 따라서 탄소 감축을 중심으로 예산이 사용되고 여론 또한 형성될 것이다.

하지만 통계학적으로는 상관관계가 있다고 해서 반드시 인과관계를 의미하는 것은 아니라는 사실을 깨달았다. 실제로 조사해 보니, '기온 변화에 가장 영향을 미치는 것은 수증기의 양이며, 대기의 10% 정도밖에 되지 않는 탄소의 양이 기온에 미치는 영향은 무시해도 좋을 만큼 적다'라는 의견이 많았다. 그리고 세계의 탄소 배출량의 5%에 지나지 않는 일본이 탄소 감축을 위한 노력을 계속해도 개선 효과는 거의 기대할 수 없다는 의견이 대다수를 차지했다.

더 조사를 해보니 영국의 과학지 《네이처》에는 해류순환 때문에 앞으로 지구는 한랭화(寒冷化)로 간다는 논문이 게재 되었고, 미국의 《뉴스위크》에는 '지구의 기온 상승은 농업의 생산성 향상에 따른 식량난 대책이나 추위로 인한 사망자의 감소 등 많은 이점도 있다'는 보고서도 있었다. 이를 통해서 보면, 에코굿즈라 불리는 친환경 상품이나 전 세계적으로 몰두하고 있는 저탄소 운동과 일본이 수천억 원의 세금을 들여서 탄소 배출권을 사려는 행위는 도대체 무슨 의미가 있을까? 하는 의문이 들지 않을 수 없다. 여하튼 이러한 정반대의 주장을 받아들여서 자기 머리로 생각하는 것만이 표층적인 보도에 휘둘리지 않고 자신이 납득할 만한 수준 높은 판단이 가능해진다.

여러 매체를 넘나들면서 비교해 보라

2008년 3월 25일 자 요미우리신문에는 전날의 공시지가 발표를 토대로 '회복세 착실히 확대됨'이라는 제목이 떴다. 그러나 같은 날 닛케이신문에는 '지가(地價), 확장되는 불투명성', '감속의 징조가 도처에 나타나'라는 제목이 씌어있었다.

똑같은 공시지가 발표임에도 불구하고 전혀 상반된 논조로 기사를 쓰고 있었다. 이 사실 하나만 보아도 정보 소스를 하나의 매체 정보에만 기대는 것은 위험하다는 사실을 알 수 있다.

모든 것에는 다면성이 있기에 편향된 정보에 휘둘리지 않기 위해서 여러 각도에서 여러 매체를 넘나들면서 정보를 제대로 읽어낼 필요가 있다.

정반대 뉴스를 통해 미싱링크를 메워라

전방위적으로 독해하는 방법 가운데 하나로 여러 종류의 신문 구독을 들 수 있겠다. 가령 아사히, 닛케이, 요미우리, 마이니치, 산케이 등의 신문의 일면 기사나 사설을 비교하여 읽어보면 다양한 관점에서 사건을 바라보는 훈련이 된다. 하지만 여기에는 비용이 들기에 추천하는 것은 신문사 인터넷 뉴스의 탑기사를 비교해서 보면 비용을 전혀 들이지 않고도 가능하다.

가령 어느 매체에서는 '중동의 오일머니가 움직이다'라는 기사가, 다른 매체에는 '중동의 재개발이 정지되다'라는 기사가 떴고 각각의 사례와 근거가 제시되어 있었다.

정반대의 기사지만 모두가 사실이다.

이렇게 상반된 정보를 접하게 되면 각각의 정보를 연결해 줄 무언가가 필요하다는 것을 느끼게 되면서 각 주장 사이에 숨겨진 미싱링크(missing link, 전체를 이해하거나 완성하는 데 필요한 정보)를 메우는 정보를 다시 수집하게 된다.

이런 작업을 통해서 사건의 본질을 파악하고 다음에 어떤 일이 일어나게 될지를 예측하는 훈련을 하는 것이다.

해외뉴스를 시청하자

단순히 뉴스 기사 읽는 것에 그치지 않고 한 나라를 횡단하는 방법도 있다.

이 방법은 필자가 컨설팅 회사에 다닐 때 상사에게 배운 것인데, 해외의 뉴스를 보면 우리나라가 해외에서 어떻게 비추어지는지 알 수 있고 동시에 영어 공부도 된다.

또 위성방송을 통해 자국의 뉴스뿐 아니라 미국의 CNN이나 CBS, 영국의 BBC, 중동의 알자지라를 보기 바란다. 모두 24시간 뉴스 방송을 송출하고 있는 메이저급 방송사다. 이 방송들을 비교 시청하다 보면 자국에서 크게 이슈화되고 있는 뉴스에 대해 전 세계에서는 전혀 관심이 없다는 사실과 같은 뉴스라도, 나라에 따라서 받아들이는 방식이 다르다는 것을 알 수 있다.

3장_자산을 증식시키는 재능

1. 자산을 증식시키기 위해서는 각오가 필요하다
2. 손실 없이 자산을 증식시키기 위해 지켜야 할 것들
3. 돈을 벌기 위한 비법이란?
4. 투자의 정석은 과연 존재할까?
5. 투자신탁으로 자산이 증식될까?
6. 금융상품 투자에서 승리하는 법
7. 금융상품으로 자산 증식하기
8. 부동산 투자로 자산 증식하기

자산을 증식시키기 위해서는 각오가 필요하다

돈에 대한 상식을 버려라

투자는 최근 수년간 우리 생활 속에서 일반적인 것이 되었다. 하지만 투자란 극단적으로 말하면 돈을 버는 수단에 지나지 않으며 우리 자신의 성장으로 이어지지 않기에 전문 투자자가 아닌 이상 투자가 인생의 중심이 되어서는 안 된다. 따라서 자신의 본업에 전념하기 위해서는 필요 이상의 시간을 들이고 노력을 쏟아붓는 투자는 의미가 없다. 그래서 '얼마나 편하게 돈 버는 구조를 만드는가?'가 관건이 되는 것이다. 이때 중요한 것은, '모든 면에서 옛날 방식은 통용되지 않는다.'는 전제에서 출발해야 한다는 것이다.

예를 들면, 샐러리맨이라는 노동 형태가 보급된 전후(戰後)의 고도성장기에는 연공서열(年功序列)과 종신고용(終身雇用)이 기본이었기 때문에 일류대학을 나와서 대기업에서 일하는 것이 성공의 정석이었다. 하지만 그 역사도 이제 서서히 막을 내리고 있다. 예전에는 한 직장에 들어가서 퇴직할 때까지 일할 수 있었지만, 지금은 개인의 직장 인생보다도 기업의 수명이 더 짧은 시대가 되었다.

나는 30년 일해야 하는데 기업이 10년 만에 없어진다면 본인이 원하지 않아도 두 번은 이직(移職)할 수밖에 없는 상황이 된 것이다. 또 정보가 순식간에 확산하는 현대 사회에서는 시장에 문제가 생겨도 재빨리 수습하기 때문에 비즈니스 기회의 유효기간이 짧아졌다.

블로그나 메일 매거진, 모바일폰 컨텐츠, 인터넷 비즈니스를 보면 알 수 있듯이 돈을 버는 기업은 초창기에 참여한 사람들뿐이다. 따라서 재빨리 인식의 전환(패러다임 시프트)이 가능한 사람만이 이익을 선취(先取)할 수 있다.

물론 모든 것이 변한 것은 아니고 변하지 않는 보편적 진리도 있을 것이다. 따라서 앞으로 맞이하게 될 시대에는 어떤 법칙이 기능하고 어떤 법칙은 기능하지 않는지를 잘 파악해야 한다.

수입원을 다중화 시키자

'분산투자'는 누구나가 고려하는 것이지만 '분산 수입(multiple income)'을 고려하는 사람은 그리 많지 않을 것이다. 한 치 앞을 내다볼 수 없는 시대, 무슨 일이 일어날지 모르는 시대일수록 수입원을 분산시켜야 한다. 복수의 수입 흐름을 가지면 하나가 없어져도 다른 것으로 보충할 수 있기에 위험 회피(risk hedge)가 될 수 있다.

가령 회사원이라면 대부분의 경우 '급여 수입'이라는 하나의 수익원 밖에 갖고 있지 않다. 필자 역시도 예전에는 그랬다. 하지만 급여 수입 하나에만 의존하는 것은 그 돈을 치르는 회사의 시스템 속으로 편입되는 것이기 때문에 회사의 의도(실적이나 인사제도)에 크게 의존할 수밖에 없다. 하지만 고용을 당한 입장에서는 회사 시스템에 대한 통제 권한이 없기에 회사 시스템에 거역하거나 일을 할 수 없게 되면 수입은 '제로'가 된다. 따라서 너무나 불안정한 상태가 되는 것이다. 그래서 급여 수입 이외의 수입원을 늘리고 그 흐름을 확실하게 하자는 것이 '수입원의 다중화' 발상이다.

'불로(不勞)소득'은 나쁜 것일까?

생활비를 충당하기 위해서 많은 사람이 부업을 한다.

근무가 끝난 후 저녁에 커피 전문점이나 클럽에서 일하는 사람, 평일에는 직장에 다니고 주말에만 편의점에서 일하는 사람 등 다양하다. 이런 경우도 멀티플 인컴(multiple income)이라고 할 수 있지만, 현실적으로는 체력에 승부를 걸어야 하는 측면이 없지 않다. 유학 등의 단기적인 목표를 실현하기 위해 집중해서 벌어야 하는 경우를 제외하고는 상사가 늘어서 피곤하기만 하고 자기 시간을 내기 힘들기에 지속하기는 어렵다.

따라서 자신의 노동력에 의존하지 않는 수입원, 즉 '불로소득'을 만들어 둘 필요가 있다. 개중에는 근로소득만이 숭고한 것이고 불로소득은 비열한 것이라고 여기는 사람이 있을 것이다. 하지만 이 불확실한 시대에 근로소득에만 의지하는 것은 리스크에 대한 아무런 대비가 없는 사람으로 비추어질 수 있다. 그렇다고 해서 '근로소득'을 부정하는 것은 아니다. 근로소득, 즉 본업은 자기 성장으로 이어지고 행복을 느낄 수 있는 소중한 인생의 기둥이다. 오히려 그 본업에 충실하기 위해서 돈을 위해서 일하지 않아도 되는 안정적인 불로소득이 더욱 필요한 것이다.

우리는 언제 병에 걸릴지 모른다. 회사도 일도 어떻게 될지 모른다. 자녀와 부모님 때문에 예상치 못한 지출이 생기는 상황도 배제할 수 없다. 세금과 생활비가 폭등해도 수입은 그에 맞춰 오른다는 보장은 없다. 게다가 언젠가는 일을 할 수 없게 되는 날이 온다. 그때는 저금을 해약해서 먹고 살아야 하는데 예금 잔고가 점점 줄어들기만 하는 삶은 불안과의 전쟁이 아닐 수 없다.

가령 저축한 돈이 3억 원이 있는 상황도 나쁘지는 않지만, 만약 예상보다 더 오래 산다면 어떨까? 올해 5천만 원을 쓰면 남은 돈이 2억 5천만 원이 되는 식의 '저축 의존형' 삶은 정신 건강에도 좋지 않다. 그런 때에 환경의 변화와 상관없이 항상 일정액의 수입이 있다는 것은 심리적인 안정감을 준다.

'이번 달에도 5백만 원이 들어오고, 다음 달에도 5백만 원이 들어온다. 내년에도 연간 6천 만 원이 들어온다.'는 쪽이 생활 설계를 하기가 더 쉽지 않을까. 생활이 안정되면 마음도 안정되어 평온한 생활을 영위할 수 있다. 따라서 '불로소득'을 얻는 것은 중요하다.

자산형성 때까지 계속 돈 버는 사람은 많지 않다

'투자'는 '자본'을 '투하'하는 행위이기 때문에 돈만 내면 누구나 할 수 있다. 하지만 '자산형성'이란 말 그대로 '자산'을 '형성'하는 일이기 때문에 자산이 줄어들면 아무 의미가 없다.

필자 주변에는 투자만으로 생활하는 전문 투자자가 몇 명 있다. 리먼 쇼크까지도 잘 견뎌낸 투자자도 있었는데 그 후에 회복 기조의 시장에서 처참하게 당해서 그때까지 얻은 이익을 며칠 사이에 다 날려 버렸다고 한다. 책을 여러 권 출간한 저명한 투자자조차도 100억까지 늘어난 자산이 3개월 만에 30억으로 줄어들었다고 한다. 필자를 포함해서 단기간에 돈을 벌었다고 하는 사람은 많다. 하지만 계속 돈을 벌고 있다고 말하는 사람은 한 번도 본 적이 없다. 아마도 그런 사람이 있기는 하겠지만 대단히 드물다.

다시 말해서 고교야구연맹에 가입한 전국 4천 개 고등학교 중에 코시엔(甲子園)에 출전할 수 있는 학교는 단 49개밖에 되지 않듯이, 시장에서 이익을 내는 데는 그에 상응하는 노력이 필요하다. 또 코시엔 구장에 매번 오르는 고교 중에는 야구부로서의 역사가 장구(長久)한 학교가 많듯이 투자에서도 오랜 기간의 연마가 필요한 것이다.

필자 역시도 계속 승승장구하기 보다는 성공과 실패를 반복하는 인생을 살아왔다. 2004년부터 2007년까지는 전승(全勝), 2008년은 계속 실패했지만 2009년부터 꾸준히 이익을 내고 있고, 투자를 시작하고부터 통산 전적으로는 분명히 이기고 있다고 말할 수 있다. 하지만 앞으로 어떻게 될지는 전혀 알 수 없다. 미래의 동향은 읽을 수도 없을뿐더러 어디서 큰 손실을 내게 될지 전혀 알 수 없기 때문이다. 오로지 그동안의 경험과 주변에 있는 전문 투자자의 실적을 보면서 철저히 배우고 계속 연습하지 않으면 운용이나 투자로 자산을 증식할 수 없다고 생각한다. 거꾸로 말하면 노력을 게을리 하는 사람에게는 금융상품이 자산을 형성하는 방법으로 적합하지 않다는 말이 된다.

투자와 투기는 어떻게 다를까?

투자와 투기의 차이에 대해서는 이미 수많은 책이나 문헌에서도 다루고 있는데 왜 굳이 구별할 필요가 있을까? 왜냐하면, 자신이 하고자 하는 것이 '투자인지 아니면 투기인지'를 의식함으로써 도박성을 배제할 수 있기 때문이다.

'투자란 자기 재산을 투하해서 자신 또는 상대의 노력으로 가치를 높이고 그 대가로서의 이익을 얻는 일'이다. 즉 부를 창출하는 행위에 돈을 투하하는 것이다.

우리가 기업의 주식을 사면 기업은 그 자금을 이용해서 공장을 세우거나 원자재를 사입해서 제품을 판매한다. 거기서 얻은 이익의 일부가 '배상'으로서 우리에게 환원된다. 예금 이자도 우리가 은행에 맡긴 돈이 기업에 융자되어 거기에서 얻은 이자 수입의 일부가 이자로서 우리에게 환원되는 것이다. '자기 투자'에 대한 풀이도 알고 보면 쉽다. 독서를 하거나 학교에 다니거나 하는 일에 돈을 들여서 자신의 가치를 드높이고 보다 높은 수입을 얻으려는 행위다.

이에 반해 투기란, '자신의 재산을 투하해서 인식의 차이에 의해 발생하는 가격의 차이, 또는 가격의 변동에 따라 이익을 얻는 행위'다. 즉 가격 변동에 따른 차익을 취하는 행위에 돈을 집어넣는 일이다. 단기의 주식 차익, 환율에 따른 환전 차익, 지가 상승에 따른 부동산의 매각 차익 등이 여기에 해당한다.

'인식의 차이에 의해 발생하는 가격의 차이'라는 말이 어렵게 느껴질 수 있을 것이다. 다시 말해서 어떤 매력적인 상품이나 물건이 있는데 어떤 사람은 그 가치를 알아보는 데 비해 정보의 차이 등에 의해 대다수 사람에게는 그렇게 비추어지지 않는다는 의미다. 따라서 그것을 남보다 먼저 사두면, 모두가 뒤늦게 깨달아서 가격이 올랐을 때 그 차익을 얻을 수가 있다는 것이다. 이른바 차익 거래(arbitrage)다.

예술 작품이 그 전형이라 할 수 있다. 화가의 젊은 시절의 그림이나 조각을 사두고, 그 작가가 유명해져서 많은 사람에게 인정을 받았을 때 오른 가격으로 매각해서 이익을 얻는 것이다. 이 경우, 그 아티스트가 전도유망해질지를 꿰뚫어 보는 안목이 필요한데 그런 안목을 가진 사람이 이익을 얻을 수 있게 된다.

더 극단적으로 말하면, '스스로 통제를 할 수 있는 요소가 많은 것이 투자'이고, '스스로 통제를 할 수 있는 요소가 적은 것이 투기'라고 할 수 있다.

그렇다고 해서 도박이 좋다거나 나쁘다고 말하는 것은 아니다. 도박의 위험성이 강하다는 것을 알고 있으면 그만큼 손실의 위험이 크다는 것을 미리 인식하고 있기에 설령 손해를 보더라도 '경험'이나 '오락'의 일부로 받아들일 수 있다. 하지만 그것을 인식하고 있지 않으면 '왜 이렇게 되었지?'라거나 '역시 나는 이런 게 안 맞아'가 되는 것이다. 그것이 소중한 자산이라면 더욱 용서가 안 된다. 그렇기에 도박의 위험성을 철저히 인식하고 배제하여 확실성이 높은 대상에 돈을 투하할 수 있게 되는 것이다.

손실 없이 자산을 증식시키기 위해 지켜야 할 것들

쉬울 것

먼저 주식투자를 할 때는 투자하는 회사의 비즈니스 모델을 잘 알고 있는 종목에 투자한다. 투자사기에 자주 등장하는 것들은 주로 구조가 복잡한 것, 수익과 손실의 메커니즘이 이해하기 어려운 것, 투명성이 없는 것 등이므로 이러한 것들은 피하는 것이 상책이다.

또 리스크 예상이 어려운 종목에는 투자하지 않는 것이 좋다. 어떤 리스크가 있고 어떤 경우에 손실이 발생하는가를 알아두는 것도 중요하다.

또 하나는 '자신이 무엇을 하고 있는지'를 알고 있는 종목에 투자해야 한다는 것이다. 예를 들면, 부동산 같은 것은 눈에 보이는 것이므로 시간이 흘러 건물이 낡으면 조치를 취해야 한다는 것을 알 수 있다. 수리하면 보기 좋아진다는 것을 알 수 있고 쓰레기 수거장이 지저분하면 게시판에 주의를 촉구하는 문구를 붙여 놓거나 관리회사에 청소를 부탁해서 대응할 수가 있다. 이처럼 자신이 하는 일이 무엇인지, 그리고 자신이 해야 하는 일이 무엇인지를 명확하게 알 수 있는 대상을 선택하는 것이 좋다.

정보 입수가 쉬울 것

해외 투자는 정확한 정보를 수집하기 어렵기에 더욱 신중할 필요가 있다.

원래 정보량이 적은 쪽에 더 많은 기회가 숨어있는 경우가 많은 것이 사실이지만, 자기 눈으로 직접 확인할 수 없는 경우는 아무래도 누군가가 만들어낸 2차 정보에 의존할 수밖에 없다. 따라서 한쪽으로 편향되거나 유도당하기 쉬우므로 위험할 수 있다. 하지만 미국이나 유럽 등 선진국은 시장에 영향을 주는 각종 통계 발표 등의 정보를 신속하고 풍부하게 수집할 수 있기에 정확한 판단을 내리기가 쉬운 편이다. 그래서 요즘은 미국주식과 중국주식 투자를 권하는 주식전문가들이 많은데 국내주식만으로도 충분히 이익을 실현하는 사람들이 필자의 주변에는 많다. 굳이 시차를 극복하며 밤, 낮이 바뀌는 삶을 살고 싶지는 않다. 주식으로 돈 버는 사람들은 결코 자화자찬을 하지 않는다. 돈 버는 노하우를 쉽게 공개하지 않는다는 것이다.

레버리지(leverage) 효과가 좋을 것

레버리지의 진정한 의미는 자금 효율성을 높여서 최소한의 투자금으로 최대의 수익을 올리는 것이다. 즉 '가성비(cost performance)'가 높다는 것이다.

1억을 벌어서 두 배가 되면 2억인데 열 배의 레버리지 효과가 나타나면 10억이 된다. 레버리지는 스피드와 파워라서 가난에서 벗어나기 위해서 최소의 투자로 최대의 이익을 얻을 수 있기에 레버리지 효과가 큰 대상에 투자하는 것이 유용하다.

사업을 할 때 혼자 일을 해서 돈을 벌면 레버리지는 1배(1%), 즉 일한 만큼밖에 돈을 벌지 못한다. 하지만 3명을 고용해서 3배의 일을 처리하게 되면 그들에게 월급을 준다 해도 혼자 일할 때보다 많은 돈을 벌수 있다.

부동산 투자 역시 1%나 2%의 자본금으로 대출을 끼고 사는 레버리지 효과를 볼 수 있다. 투자 상품에 가입하려고 은행에 돈을 빌리러 가면 빌려주지 않는데 부동산을 산다고 하면 돈을 빌려준다. 그 정도로 은행은 담보 가치로서의 부동산을 인정한다는 말이 된다.

증거금거래(담보대출)이나 신용 대출, 선물거래도 레버리지 효과의 대상이라고 할 수 있는데, 레버리지가 예상과 반대 방향으로 움직이면 더욱 큰 손실로 이어질 수 있다. 그래서 손절매(stop loss) 주문을 넣어 둔다거나 보증금을 넉넉히 넣어서 로스컷(loss-cut, 기관투자가들의 손절매 기법) 여력을 높이는 등으로 보험을 들어 놓을 필요가 있다.

통제 가능한(controllable) 자산에 투자할 것

필자가 부동산 투자를 운용의 중심에 놓고 있는 이유 가운데 하나는 통제 가능하기 때문이다. 금융상품은 내가 수익이나 리스크를 통제를 할 수 없고 입구와 출구를 정할 수 없다.

예를 들면, 투자신탁은 위험도 수익도 통제할 수 없다. 주가나 환율도 복권의 당첨 확률도 통제할 수 없다. 그러나 부동산 투자의 경우는 전세금을 올리거나 보증금을 변경하거나 할 수 있고, 또 건물의 내,외장을 리모델링해서 공실률이나 수익을 통제할 수 있다.

대출 금리나 부동산 가격의 변동은 통제 불능이지만 대출은 상환 후 다시 빌릴 수 있으며 금리 교섭도 가능하다. 땅값이 내려도 임대 수입은 계속 들어오기 때문에 팔 필요도 없다.

부동산 투자는 '이러이러한 리스크 때문에 위험하다'거나 '그렇게 호락호락하지 않다'라고 말하는 사람도 있지만, 이것을 통제하는 방법이나 기술을 갖지 못한 사람들이 하는 상투적인 말에 불과하다. 또 비즈니스도 어느 정도 통제가 가능하다. 상품을 바꿀 수도 있고 가격 변동도 가능하다. 홍보 수단이나 종업원 수도 상황에 따라 바꿀 수 있다. 회사원의 경우, 신입사원은 아무것도 통제할 수 없지만 과장이나 부장이 되면 통제할 수 있는 권한이 주어진다.

투자란 자신이 통제권을 쥐고 있다는 것이다. 자신의 통제가 미치지 않는 것은, 앞에서 언급했듯이 투자가 아니라 투기다. 자신의 통제가 미치지 않는 것에 걸린 과도한 레버리지는 브레이크도 핸들도 없이 액셀 페달만 있는 자동차에 올라타는 것과 같다. 생판 모르는 남에게 당신의 소중한 돈의 통제권을 건네서는 안 된다.

돈을 벌기 위한 비법이란?

규칙성을 발견할 것

비가 내리면 편의점의 고객 수가 줄고 매상은 떨어진다. 그래서 일기예보에서 다음 날 비 예보가 있으면 편의점 주인은 유통기한이 짧은 도시락이나 반찬류의 발주량을 줄이는 한편 우산이나 핫도그의 발주량은 늘린다.

또 낮 12시경에 식당에 가면 혼잡하다. 그래서 바쁜 직장인들은 붐비는 점심 시간대를 피해서 11시 45분이나 오후 1시가 지나서 식당에 간다. 이렇게 우리는 일상생활 속에서 규칙성을 발견하고 자신에게 최적의 행동을 취하고 있다.

금융상품도 이처럼 그 안에서 규칙성을 발견하면 거기에 편승하거나 의표를 찔러서 수익을 낼 수가 있다. 예를 들면, 금(金)의 선물거래 등에서도 예전에는 '이른 아침에는 거래가 많아서 하락하고 저녁이 되어야 원위치가 된다.'라는 것이 일반적이었다. 그래서 가격이 싼 오전 중에 사서 저녁에 결제하면 이윤이 남으니 모두가 그렇게 한다. 그러자 이번에는 거꾸로 오전 중에는 비싸고 저녁에 싸지게 된 것이다.

이렇듯 한번 규칙성을 발견하면 모두가 똑같이 행동하게 되므로 결국 그 규칙은 사라지고 만다. 이번에는 거꾸로 다시 오전에 팔고 저녁에 결제하는 사람이 나타나게 되지만 말이다.

이렇듯 규칙성은 일정하지 않고 변하기 때문에 안정적으로 계속 수익을 내기 위해서는 항상 규칙성을 발견하는 노력이 요구된다.

투자에 관한 책을 읽어도 좀처럼 수익이 나지 않는다고 말하는 사람은 이미 과거의 것이 된 규칙에 따라 거래를 하기 때문이다. 그렇다고 해서 그 책과 저자가 나쁜 것이 아니다. 왜냐하면, 그 책을 쓸 당시에는 그 규칙과 방정식은 제대로 기능하고 있었고, 그 결과 저자는 엄연히 성공을 거두었기 때문이다. 나머지는 독자 스스로가 시행착오를 거치면서 규칙성을 발견해나가는 수밖에 없다. 그리고 이 규칙성은 사고팔기를 거듭하는 경험을 통해서만이 얻을 수 있는 것이다.

본질적 가치가 무엇인지 알아낼 것

주식투자에서 PER(price earning ratio, 주가 수익률)*을 지표로 삼는 사람이 있다.

분명히 이 수치는 투자 대상을 평가할 때 주목해야 하지만 본질적 가치(essential value)를 가늠하는 척도가 되는 것은 아니다.

가령 PER의 계산 근거가 되는 주가는 투자자의 욕망에 따라 형성되기 때문에 그 숫자 자체가 해당 기업의 성장성을 뒷받침해주는 것은 아니다. 성장성이란, 그 기업이 가진 비즈니스 모델이나 자산(고객, 거래처, 제조 방법, 자금 조달 능력 등)이 경합 타사보다 뛰어나고 잠재 시장이 크고 기업을 잘 핸들링 할 수 있는 경영인에 의해서 뒷받침되는 것이다.

이윤은 현시점에서의 수익성을 나타낸 것이며, 부동산의 경우는 공실(公室)이 없는 경우를 반영한 것이기 때문에 그 이윤이 앞으로 얼마만큼 유지할 수 있을지에 대한 고려는 전혀 되어있지 않다. 부동산의 경우에는 특히 그 건물에 입주할 사람은 있는지, 임대료는 적정한지, 그 물건을 구매할 의사가 있는 사람이 있는지 등을 고려하지 않으면 안 된다.

***PER**
주가 수익률을 말한다. 주가와 기업의 수익 능력을 비교함으로써 주식의 투자 가치를 판단할 때 이용되는 척도다.
PER = 주가 ÷ 한 주당 이익

필자에게 부동산 상담을 하러 오는 사람 중에 LTV라든가 IRR*, 또는 DCF* 등의 여러 평가 지표를 가지고 와서 내미는 사람이 종종 있다. 그 숫자가 우량하면 사겠다는 것이다.

금융상품처럼 같은 상품 중에 어느 것을 사도 똑같은 가치를 갖는다면 숫자로 평가해서 결정하면 된다. 하지만 같은 물건이 두 개는 없는 부동산의 본질적 가치는 그런 숫자만으로 결정되지 않는다.

***DCF(Discounted Cash Flow(현금 흐름 할인 법)**
미래에 실현될 잉여 현금 흐름(Free Cash Flow)을 자본의 기회비용으로 할인한 현재 가치를 말한다.

***LTV-IRR**
· LTV(Loan to Value Ratio, 주택담보부채 비율) : 부동산의 가치에 대해 부채가 어느 정도 있는가의 비율
· IRR(Internal Rate of Return, 내부 수익률) : 투자한 금액에 대해 어느 정도 배당금이 돌아왔는지의 비율

아무리 수치가 뛰어나도 그곳으로 입주를 원하는 사람이 없으면 그 수치는 무의미하다. 따라서 수치만으로 모든 것을 판단해온 전문가가 이번 금융 위기로 속이 새까맣게 타들어간 현실에서 우리는 교훈을 얻어야 한다. 필자가 사는 임대주택 소유주인 농가의 할아버지와 할머니처럼 수치에는 전혀 능하지 않아도 양질의

임대주택을 소유함으로써 금융 위기 같은 것은 신경 쓰지 않아도 되는 사람들의 성공 요인을 눈여겨 볼 필요가 있다.

요컨대 '가격'과 '가치'는 전혀 다른 것이라는 것을 깨닫는 것이 중요하다는 것이다.

인기 브랜드나 인기 종목, 급상승 종목 등 한창 인기가 치솟고 있는 대상은 피하는 것이 좋다. 그런 종목은 쉽게 폭락할 위험이 있기 때문이다.

증권가에서 자주 회자 되는 이야기가 있다.

존 F. 케네디 대통령의 아버지 조셉 케네디(Joseph P. Kennedy)가 대공황 직전에 갖고 있던 주식을 모두 팔고 억만장자가 된 이야기가 그것이다. 그 일이 어떻게 가능했을까?

이유는 구두닦이 소년 때문이다. 조셉 케네디가 어느 날, 구두를 닦으러 갔는데 구두닦이 소년이 주식 이야기에 열을 올리는 모습을 보고, '이런 젊은이조차 본업을 소홀히 하고 주식에 정신이 팔려있다는 것은 이상 신호다'라는 것을 감지해서 갖고 있던 모든 주식을 팔았다고 하는 이야기다. 『부자 아빠, 가난한 아빠』의 저자로 유명한 베스트셀러작가 로버트 기요사키가 왜 서브프라임 붕괴 직전에 부동산을 다 매각했을까? 그것은 레스토랑의 웨이트리스가 부동산 중개인 면허를 땄다고 기뻐하는 모습을 본 후였다. 그 역시, '이런 풋내기까지 시장에 뛰어들고 있다니 이건 분명히 위험신호다'라는 것을 감지했기 때문이다. 주변이 술렁이기 시작하면 조금 이르다는 느낌이 들어도 일찌감치 이익금을 챙기고 상황을 지켜보는 것이 좋다. 조금 남긴다고 해도 포지션*을 줄이는 것이 좋다.

***포지션(position)**
개별 투자자의 재산의 현재 형태를 말한다. 새로 투자하는 것을 '포지션을 취한다'라고 말한다.

분산투자로는 자산 지키기가 어렵다

분산투자는 서로 상관성이 없는 자산에 적절하게 포트폴리오*가 되어 있으면 리스크 회피에 효과적이다. 하지만 이런 사고방식이 통하는 것은 평상시, 즉 세계 경제가 순조롭게 확대 되거나 안정적인 시절이다. 스스로가 분산시켰다고 생각하더라도 '증권'이라는 상장연동형 금융상품에만 투자하고 있어 실제로는 전혀 분산이 이루어지지 않은 경우도 있다.

***포트폴리오(portfolio)**
자산을 여러 금융상품에 분산투자하는 일, 또는 그 상품의 집합을 말한다.

세계 경제는 서로 완전하게 연동되어 있지 않아서 어떤 한 나라가 불경기라 할지라도 인접한 주변 국가에서는 호황을 누릴 수 있다. 이러한 현상을 가리켜 '경제의 디커플링(decoupling, 탈동조화) 론'이라고 한다.

한편 세계적으로 금융 기술이 진화하고 확대됨에 따라 어느 한 나라의 경제가 침체되면 다른 여러 국가가 동반 침체를 겪는 현상을 '커플링(coupling, 동조화) 론'이라고 부른다. 즉 세계 경제는 서로 긴밀히 연동되어 있다는 것을 의미한다. 하지만 실제로 세계 경제에 영향을 미치는 나라는 그리 많지 않다. 영국의 파운드화(貨) 폭락이나 러시아의 루블화 폭락, 한국의 원화 폭락도 일본 경제에는 그다지 큰 영향을 주지 않았다.

2008년의 미국발 금융 위기도 증권화 기술에 의해 도미노처럼 연쇄적으로 쓰러지게 된 예외적인 사건이라는 견해도 있다. 그렇게 본다면 이러한 쇼크가 일어날 빈도가 그리 잦지 않기 때문에 분산투자는 기본적으로는 유효한 방법이 아닐지도 모른다는 의문을 제기할 수 있다.

하지만 앞으로도 계속 금융 기술이 진화하고 새로운 금융상품이 판매될 것이다. 또 국가를 초월한 돈의 유출입이 더욱 격화될 것이다. 앞으로 겪게 될 경제 글로벌화를 고려했을 때 단순한 분산투자는 쉬울지 모르나 의미 있는 분산투자는 점점 어려워질 것이다.

집중투자로 먼저 프로의 수준에 오르자

필자는 분산투자를 하기에 앞서 집중 투자할 것을 권장한다. 일반 투자자들은 본업이 있기에 투자에 할애하는 시간이나 자금이 한정되어 있다. 야구 선수가 농구나 검도를 함께 연습한다면 시간과 노동이 분산되기 때문에 좋은 성과를 얻을 수 없는 것과 같은 이치다. 따라서 우선은 한 가지에 집중해서 단번에 프로 수준까지 지식과 운용 기술을 향상하는 것이 좋다. 그러면 향상되는 속도도 빠르고 감도 좋아지게 된다.

투자 이론은 대상에 따라 크게 달라지지 않는다. 주식이나 외환, 부동산 역시도 수익을 내는 패턴이나 이론은 다 똑같다. 장기(將棋)에 강한 사람이 체스에도 강하듯이 말이다. 즉 주식으로 수익을 내는 사람은 외환이나 부동산에서도 수익을 낼 확률이 높다. 따라서 하나를 마스터하면 다른 대상에도 응용할 수 있다.

진정한 투자자에게 분산은 필요하지 않다

자신이 무슨 일을 하고 있는지 모르는 사람이나 리스크를 제대로 관리하지 못하는 사람은 분산투자를 할 수밖에 없다. 하지만 자신이 어디에 투자하고 있는지를 잘 알고 있고 리스크와 그 회피 방법을 알고 있는 사람에게 분산투자는 사실 필요하지 않다.

왜냐하면, 투자 효과가 가장 높은 대상에 투자하면 수익도 그만큼 높다는 것을 알고 있기 때문이다. 기업이나 종목의 분석과 평가를 할 수 있는 사람이 굳이 분산시킬 필요는 없지 않을까.

워렌 버핏은 이렇게 말한다. "투자의 분산은 무지에 대한 방어책이다. 자신이 무엇을 하고 있는지 알고 있는 사람에게 분산은 필요하지 않다."

투자의 정석은 과연 존재할까?

장기투자로 자산이 증식할까?

'운용은 장기투자가 기본'이라는 말을 들어본 적이 있을 것이다. 분명히 장기투자라면 단기의 변동을 무시할 수 있기에 매일의 주식시장 변동으로 일희일비할 필요가 없다. 하지만 장기투자에 대해 언급하기 전에 장기투자가 기능하는 전제 조건을 이해하지 않으면 안 된다. 그것은 본래의 가치로 볼 때 지금은 저렴하지만, 시간이 지나면서 그 격차가 좁혀지는 시점에 이익이 확정된다고 하는 것이다.

'장기로 보유하면 언젠가는 오른다.'라는 것은 단지 희망 사항일 뿐이다. 분명히 오를 수도 있지만 정말로 돈이 필요할 때 오른다는 보장은 없다.

◆닛케이 평균 주가 추이

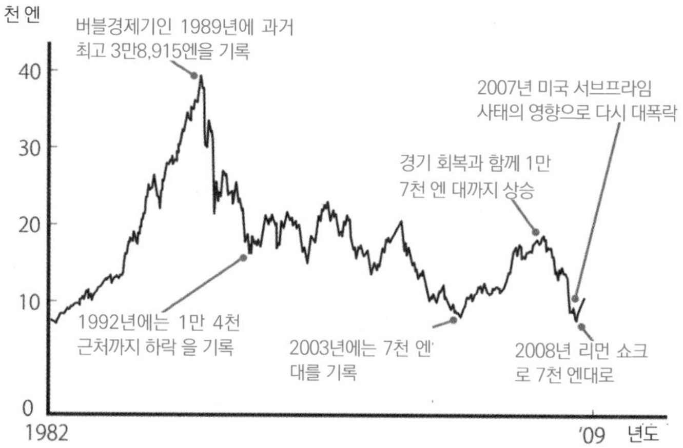

2008년 가을, 리먼 쇼크로 닛케이지수 평균이 7천 엔이 되었을 때 신문 기사에는 1982년 이래 최대의 가격 하락이라고 일제히 기사를 내보냈다. 다시 말해서 1982년 이후에 투자해서 장기 보유해온 사람은 26년간 누적된 이익이 전부 날아간 셈이다.

장기투자를 믿고 주식이나 투자신탁에 계속 투자해온 사람 중에는 노후를 맞아 정말 돈이 필요해졌을 때 자산이 늘기는커녕 줄어든 사람도 있을 것이다. 경기는 순환되기 때문에 돈이 필요해져서 투자신탁이나 주식 등을 매각해야 할 때 경기가 좋으면 돈을 벌게 되지만 작금의 경우처럼 불경기라면 어떨까? 20년 후나 30년 후의 경기나 장세(場勢)를 어찌 예측할 수가 있으며 이것을 어찌 도박이라 부르지 않을 수 있을까?

여기서 의식해야 할 것은 장기 보유는 목적이 아니라 수단이라는 것이다. 앞으로의 성장 가능성이 크고 상승의 여지가 있다거나, 본래의 가치에 비해 지금은 저평가되었다고 판단되면 가격과 가치의 격차는 시간이 지나면서 좁혀진다. 즉, 그 갭이 좁혀지기까지 기다린다는 것이 장기투자의 기본적인 사고방식이다.

따라서 특별히 장기가 아니더라도 단기간에 가격이 상승하면 매각해서 철저히 이익실현을 해야 한다. 장기투자는 그냥 오래 내버려 두어도 괜찮다는 것이 아니라는 말이다. 장기투자야말로 정말 위험할 수 있다.

증권회사의 심리를 파악하라

왜 증권회사나 재무설계사들은 투자신탁의 장기투자를 유도하는 걸까?

그 이유 중 하나는 단기의 시세변동을 아무도 예측할 수 없기 때문이다. 또 한 가지 큰 이유는 증권회사가 돈을 벌기 때문이다. 고객이 투자신탁을 보유하고 있는 동안에는 경기가 어떻게 변동되어도 계속 신탁보수(信託報酬, 투자신탁의 운용의 대가로 고객이 투자신탁 회사에 내는 비용)가 고정적으로 들어온다. 또 재무설계자에게도 신탁보수의 일부가 리베이트로 가는 상품도 있다. 그들에게는 이토록 수익성 좋은 상품이 없을 것이다. 하지만 도중에 팔리면 신탁보수가 손에 들어오지 않게 되므로 다시 고객 모집과 판매 활동을 해야 한다. 이 또한 비용과 노력이 필요하다.

따라서 그들의 입장은 장기로 보유해 주는 것이 고마운 것이다. 반대로 주식이나 외환은 빈번하게 사고팔게 되면 증권회사가 수수료와 스프레드(가산금리)*로 돈을 벌기 때문에 그들을 거치지 않고 직접 하는 데이트레이딩이나 스윙 트레이딩을 권장한다.

***스프레드(spread, 가산금리)**
외환에서 통화를 구입할 때 발생하는 매수호가와 매도호가의 차이

우리도 워렌 버핏처럼 될 수 있을까?

장기투자를 지지하는 사람들이 주로 하는 말이 있다.

"그 유명한 워렌 버핏이 장기투자로 돈을 벌고 있지 않은가?"라고 말이다. 하지만 버핏이 투자를 시작했을 때를 한번 살펴보자. 버핏과 같은 방법을 택한다면 그가 자산을 증식했을 때와 같은 상황이 온다는 전제 조건이 필요하다.

가령 일본 주식시장의 경우라면 1960년대에 구매해서 1989년까지 팔면 돈을 꽤 벌었을 것이다. 하지만 버블경제기 이후에 투

자한 사람 중에 장기투자의 효과를 본 사람이 얼마나 될까?

또 버핏의 경우는 단순한 장기투자가 아니다. 그는 이중삼중의 그물을 쳐서 쉽게 손해를 보지 않는 방법을 취하고 있다. 예를 들면, 금융 위기의 시작점이 된 2008년 9월에 버핏이 이끄는 버크셔 헤서웨이는 골드만 삭스가 발행하는 배당 이익 10%의 영구우선주를 50억 달러(약 5조 원)를 취득하고 10월에는 또 GE의 배당 이익 10%인 영구우선주를 30억 달러(약 1조 원) 취득한다.

이후 두 회사의 주가는 폭락해서 약 6개월 후에는 버크셔의 손실액은 두 회사를 합쳐서 3조 원 이상에 달했다. 하지만 이 두 회사가 도산하지 않고 예정대로 이익을 내는 한 매년 8억 달러(약 8천억 원)의 배당금을 받게 된다. 이 상태가 10년 동안 지속하면 투하자금을 회수할 수 있고 그 후에도 영구히 배당을 받을 수 있게 되는 것이다.

이렇게 좋은 조건을 끌어낼 수 있었던 것은 버핏이기에 가능했던 것이고 자금의 규모 또한 달랐기 때문에 가능했다. 필자 역시도 버핏에게 배울 점이 많다고 생각하지만, 스타일만을 흉내 낸다고 해서 성공하는 것은 아니다. 왜냐하면, 앞에서도 언급 했듯이 그는 '단순한 장기투자자'와는 차원이 다르기 때문이다.

그 정도도 버핏은 희대의 투자자라고 할 수 있다. 다시 말해서 버핏과 똑같은 투자 기법으로 돈을 벌 수 있다면, 창업하면 빌 게이츠처럼 될 수 있다고 말하는 것과 다를 바 없다.

필자는 장기투자를 부정하는 것도 아닐뿐더러 버핏식의 투자 기법을 부정하는 것도 아니다. 앞으로도 성장이 예상되는 시장은 반드시 존재하며 거기에 대해서 장기투자를 관철하는 것도 유효하다고 생각한다. 하지만 한편으로 지속적인 경제성장이 불투명해진 오늘날에는 '장기투자의 본질'이 변했다는 것을 인식해야 한다는 것이다.

현대판 장기투자의 본질이란, 자신이 인정한 가치와 시장이 느낀 가치의 차이에 따른 가격의 격차가 수정될 때까지 기다려서 그 갭이 좁혀졌다고 생각되는 타이밍에 수익을 내야 한다는 것이다. 그렇게 하지 않으면 또 폭락의 위험에 노출될 수 있다.

투자신탁으로 자산이 증식될까?

투자신탁의 불합리한 진실

여기서 돌발 퀴즈 하나를 내보겠다. 누구나 증권회사에서 살 수 있고, 잔고 천억 원 이상의 일본주식 투신 136개 중에서 2007년도의 운용 성적이 흑자였던 펀드는 몇 개나 될까? 리먼 쇼크가 일어나기 6개월 이상 전의 성적이다.

답은 놀랍게도 '하나도 없다'이다. 다시 말해서 136개의 모든 펀드가 다 마이너스(-) 운용을 기록했다는 얘기다. 하락률이 한 자릿수였던 투신은 하나뿐이고, 나머지는 20%를 넘는 하락률을 기록했다. 분명히 2007년 8월에 서브프라임 모기지 문제가 촉발되어 닛케이지수 평균이 27.5% 이상이나 하락했다. 그것도 전문가가 운용했는데도 말이다.

우리가 사는 동안에 호경기와 불경기를 되풀이하는 경기순환(景氣循環)을 경험하게 되고 이것이 반복된다는 것을 알고 있다. 그것은 누구나가 알고 있지만 언제 오를 것인지, 혹은 언제 내릴 것인지를 아는 사람은 아무도 없다. 또 주식과 결합한 투자신탁은 주가의 상승 국면에만 가격이 오른다. 따라서 담보(증거금) 거래나 신용거래와 달리 하락 국면에서는 그저 지켜볼 수밖에 없을뿐더러 리스크에 대한 보험도 전혀 들 수 없다. 투자신탁은 투자 초심자가 하는 것이라는 말이 있는데 이것이 어떻게 초심자를 위한 것인지 필자는 도무지 이해할 수 없다.

예를 들면, 자동차를 사면 이동이 쾌적해서 편리하다는 가치가 주어진다. 건강식품을 사면 건강한 몸을 만들 수 있다는 가치를 얻게 된다.

그러면 투자신탁은 어떤 가치를 가져다주는 상품일까? 여러분이 사는, 혹은 사려고 하는 투자신탁은 도대체 무엇에 투자되고 있고 어떤 조건일 때 돈을 벌며, 어떤 조건일 때 손해를 보는지 잘 알고 있는가?

금융기관이나 재무설계사가 좋다고 권해서가 아니라 '자신이 무엇을 하고 있는지'를 이해한 후에 값을 치러야 한다.

신흥국 펀드에 승산이 있을까?

그렇다면 투자신탁에서 돈을 버는 방법은 없을까?

단적으로 말하면, 있다.

장기투자로 수익이 나는 포인트는 앞으로 성장할 섹터를 먼저 선택하는 것이다. 그것이 어딘가 하면 중국이나 인도로 대표되는 신흥국이다. 실제로 IT 버블 붕괴 후의 여명기나 서브프라임 쇼크 이후의 폭락 시에 신흥국 펀드를 산 사람은 순조롭게 계속 수익을 올리고 있다.

일본 통계청 자료에 따르면 2008년~2050년까지의 42년간의 인구 증가율 TOP 15는 다음의 도표와 같으며 40년 후에는 명실공히 아시아 · 아프리카 국가들의 시대가 될 가능성이 크다.

그 이유는 인구가 증가하면 내수가 확대되고 경제가 발전하기 때문이다. 인구가 늘어나면 주택이나 도로 등의 도시 인프라를 정비해야 한다. 식품이나 의료 등의 여러 물자의 수요가 늘어난다. 그러면 기업도 성장하고 사람들의 소득도 늘고 점차 내수가 확대된다.

필자의 지인 중에 몽골에서 광산개발 투자를 하는 사람과 태국 · 인도네시아의 주식과 부동산에 투자하고 있는 사람이 있는데, 그들에 따르면 이런 신흥국에는 외자(外資)를 유치해서 개발하고 있고 소득수준도 급격하게 상승하고 있다고 한다.

예를 들면, 인도네시아의 수도 자카르타에는 평균 가격이 10억, 최상층의 펜트하우스는 60억에 이르는 초고층 타워맨션이 난립하고 있다고 한다. 더욱 놀라운 것은 맨션의 팸플릿에 러시아어 버전이 있고 러시아의 대부호들이 현금을 들고 와서 마구 사들이고 있다는 것이다. 일본인의 관점에서 보면 정치가 불안한 개발도상국이라는 이미지가 있지만, 인구는 일본의 두 배가 되고 레어메탈(희소금속)이 많이 채굴되는 자원국이기 때문에 유럽을 중심으로 자본이 유입되고 있다.

◆2008년부터 2050년까지의 세계 인구 성장률 예측 인구 (단위 : 백만)

	2008년		2050년	
순위	국가(지역)	인구 총수	국가(지역)	인구 총수
1	중국	1,336	인도	1,658
2	인도	1.186	중국	1409
3	미국	309	미국	402
4	인도네시아	234	인도네시아	297
5	브라질	194	파키스탄	292
6	파키스탄	167	나이지리아	289
7	방글라데시	161	브라질	254
8	나이지리아	151	방글라데시	254
9	러시아	142	콩고	187
10	일본	128	에티오피아	183
11	멕시코	108	필리핀	140
12	필리핀	90	맥시코	132
13	베트남	89	이집트	121
14	에티오피아	85	베트남	120
15	독일	83	러시아	108

(출전:일본 통계청)

◆2008년→2050년의 인구 성장률

순위	국가(지역)	성장률
1	콩고	189%
2	에티오피아	115%
3	나이지리아	91%
4	파키스탄	75%
5	이집트	58%
6	방그라데시	58%
7	필리핀	57%
8	인도	40%
9	이란	39%
10	베트남	36%
11	브라질	31%
12	터키	30%
13	마국	30%
14	인도네시아	27%
15	멕시코	23%

몽골의 울란바토르 역시 외자를 유치해서 개발이 진행되고 있다. 그도 그럴 것이 몽골도 광물자원의 보고(寶庫)이며 미개발 광산을 개발하면 세계 유수의 자원국이 될 잠재력이 있기 때문이다. 그런 이유로 이미 굴지의 광산개발 기업인 BHP 빌리튼사를 비롯해서 전 세계의 광산회사와 상사들이 속속 몽골에 들어가고 있다.

이러한 추후 성장이 예상되는 신흥국의 주식이나 채권을 결합한 펀드는 '정치 불안이나 통화 위기 등의 큰 문제가 없는 한'이라는 단서가 붙지만, 장기적으로는 상승할 가능성이 크다고 생각한다. 아프리카 국가들도 주목의 대상이긴 한데 왠지 두려운 느낌이 드는 것도 사실이다. 하지만 모두가 두려워하는 시기에 투자해야 후에 큰 열매를 수확할 수 있다는 것을 역사가 증명하고 있다.

신흥국에 기회가 있다!

투자에는 흥미가 없다고 말하는 사람이라도 가령 전후로 타임슬립을 할 수 있다면 '소니'나 '혼다', '마츠시다 전기'와 같은 종목은 모두가 사두기를 원한다. 또 도심의 땅이나 부동산도 사두기를 원하는 것들이다. 왜냐하면, 분명히 성장한다는 것을 알고 있기 때문이다.

또 신흥국에는 다소의 리스크는 있지만 그런 종목은 넘쳐나게 많다(단, 토지 등의 부동산은 아직 규제가 있고 외국인에게는 팔지 않는 나라가 많다).

일본 영화 〈올웨이즈 3번가의 석양〉을 보면 거리에서 일부 부유층은 검은색 승용차를 타고 있지만 많은 사람이 자전거나 오토바이로 이동하고 있는 것을 볼 수 있다. 그와 비슷한 장면을 어딘가에서 본 것 같지 않은가?

그렇다. 얼마 전의 중국이다. 그리고 오늘날의 방글라데시와 베트남이 그렇다. 다음은 콩고(2050년의 인구 예측 1억 8천7백만 명)나 나이지리아(2050년에는 2억 898만 명) 등에서 비슷한 상황이 올 수도 있다. 물론 신흥국이기 때문에 앞으로 몇 차례나 경제 위기를 겪게 될 나라가 있을 수 있다. 하지만 이것이야말로 고도성장기의 일본에 장기투자하는 것과 같은 효과이므로 한참을 묻어두면 자산을 증식할 기회가 올지도 모른다.

금융상품 투자에서 승리하는 법

투자에서 승리하는 공부법

올림픽 경기에서 금메달리스트들은 어떻게 금메달을 땄을까? 정답은 시합에서 승리하기 위해서, 또 금메달을 따기 위해 필요한 것을 했기 때문이다.

마찬가지로 투자에서도 이기기 위한 학습과 실천, 그리고 검증을 반복하다 보면 돈을 벌 수 있게 된다. '투자는 위험한 것'이라고 단정 짓는 사람은 이기는 연습을 하지 않고 있기 때문이다.

투자 기법은 '어떤 조건에서 기능하는가?'를 연구하는 것

투자에 대해서는 여러 방법론이 나와 있기는 하지만 투자 기간, 기대 수익에 따라서 어떤 투자 기법이 효과가 있는지는 저마다 다르다. 만능으로 통하는 투자 기법은 없으므로 투자 기법을 흉내 낼 때는 그 방법이 어떤 환경에서 효과가 있으며 어떤 환경에는 효과가 없는지를 잘 알아보고 검증해볼 필요가 있다.

이 세상에는 좋은 투자법도 나쁜 투자법도 없다. 오로지 좋은 투자자와 나쁜 투자자가 있을 뿐이다.

기다릴 줄 아는 사람이 강한 사람이다

'개인투자자가 기관투자자보다 유리한 조건 중 하나는 투자를 쉴 수 있다는 것이다.'

투자에 관한 책에서 자주 접하는 대목이다. 하지만 이 '쉰다'는 것의 본질을 이해하고 행동하는 것은 의외로 어렵다.

'쉰다'는 말은 '휴~'하고 한숨 돌린다는 느낌이 있다. 물론 시장의 움직임을 읽을 수 없을 때나 주가가 심하게 요동쳐서 따라갈 수 없을 때, 업무가 바빠서 장세를 들여다볼 시간이 없을 때는 포지션을 해소해서 주식과는 무관한 생활을 할 수도 있다.

하지만 사실은 '다음 기회를 호시탐탐 노린다.'는 의미가 포함된 고등 전술인 것이다. 왜 이것이 고등 전술일까? 대부분이 이 '기다림'을 참지 못하기 때문이다.

장세가 달아오르고 '닛케이지수 평균 최고치 경신'이나 '전일 대비 ○원 상승, 경기 회복의 조짐인가?'와 같은 뉴스를 접하면 서둘러 그 대열에 올라타야 한다는 심리가 작동한다. 그리고 조금 비싼 듯해도 '더 오를 거야'라는 유혹을 견디지 못해서 시장에 참여하게 된다.

시장이 건전하게 확대되어 있을 때 시세는 완만하게 상승하지만 버블 붕괴 직전과 같은 때에는 상승 각도가 급격하게 올라간다. 아마도 기다리지 못한 사람들이 시장으로 우르르 밀어닥치기 때문일 것이다.

그 시점에서 여러분은 매수 포지션 대신에 매도 포지션으로 돌리는 것이 좋다. 시장이 붕괴되기 시작하면 당황하는 사람과 인내심 없는 사람들이 손절매를 하기에 폭락에 더욱 박차를 가하게 된다. 그때 매도 포지션을 취했던 여러분은 이익을 확정하고 주가가 폭락해서 떨어진 시점에서 이번에는 유연하게 사들이면 된다.

주변 움직임에 흔들리지 말고 '기다림'이라는 고등전술로 다음 기회를 노려보자.

다음 기회는 반드시 온다.

대폭락 장세는 최대의 기회다

앞에서도 언급한 연장선상에서 생각하면 주식이 폭락하면 오히려 기회라고 할 수 있다. 왜냐하면, 사람들은 불안감에 사로잡혀서 분별력을 잃고 팔게 된다. 원래의 가격 이하로 내려가는 오버슈트(over shoot, 비례제어)가 일어나기 때문이다.

이때 투자의 원칙론을 적용하면 좋다. 즉 '모두가 팔 때 사라', '내렸을 때 사라'는 것이다. 샀을 때보다도 더 내려갈 수도 있지만, 그 순간을 잘 참아내야 한다.

그리고 일단 샀으면 회복할 때까지 꾹 참고 기다린다. 장세가 회복되면 이익을 실현하고 또 다음 기회를 묵묵히 기다린다. 할 일은 그것뿐이다.

다시 말해서 치고 달리는 '히트 앤드 런(hit and run) 전략'을 쓰라는 것이다.

필자는 '폭락 시에 사서 회복 시에 수익을 낸다.'는 이 방법으로 100% 무패(無敗)를 기록하고 있다. 잘 아시다시피 돈을 넣을 타이밍은 그리 빈번하게 찾아오지 않기 때문에 몇 개월, 혹은 몇 년에 한 번 오는 기회를 기다릴 필요가 있다. 기다리는 자에게는 반드시 복이온다.

참고 기다리는 습관은 살아가면서 많은 기회를 우리에게 준다.

오감(五感)으로 확인하라

세계적인 투자가 짐 로저스는 전 세계를 모험하며 기업과 광산을 살펴보면서 투자 대상을 물색한다고 한다.

마찬가지로 우리도 좀 더 자신의 오감을 사용해서 투자 대상을 선택해 보면 어떨까? 숫자 분석만으로 판단하는 방법도 물론 있지만, 자신이 직접 고객 입장이 되어 상품을 사서 실제로 서비스를 받아보는 것이다.

소비재나 일반 소비자 대상으로 장사를 하는 기업이라면 가게 앞에서 실제로 확인할 수 있다. 유니클로에 가면 상품을 볼 수 있고, 요시노야(일본의 대표적 덮밥 체인점_역주)에 가면 실제로 음식을 먹어볼 수 있다.

뛰어난 신상품이 나오면 '열심히 만들어 내고 있구나'라는 것을 실감할 수 있고, 앞으로 성장의 여지가 있다고 생각되면 사면되고, 품질이 떨어졌다고 느끼면 '이제 슬슬 파는 것이 좋겠다'고 생각할 수 있다.

투자라는 것은 기본적으로 독단과 편견이다.

그렇기에 사람마다 결과가 다른 것이다. 자신의 편견이 그 외 다른 많은 사람의 편견과 다르면 다를수록 이길 확률이 높아지는 것이다. 오감을 전적으로 활용해서 느껴보자.

차트 분석을 통해서는 알 수 없는, 기업의 비즈니스 모델을 좀 더 알고 싶다는 건전한 지적 호기심이 생겨난다.

신흥국에 투자하기 전에 자기 눈으로 확인하라

아이슬란드가 디폴트(채무 불이행)되어 10%라는 높은 금리를 구가하고 있던 국채는 휴지조각이 되어버렸다. 이 채권을 산 사람은 아이슬란드라는 나라를 진정으로 이해해서 주식을 산 것일까? 신흥국 투자에 대해서도 마찬가지로 자신이 직접 보러 가서 자신의 눈과 귀와 피부로 느끼고 성장을 기대할 수 있거나 그 나라의 성장을 응원하고 싶다고 느낀 후에 판단을 내리는 것이 좋다. 잠재적인 성장력은 실제로 가서 자기 눈으로 확인한 사람이 아니면 알 수 없다.

따라서 가지 않고, 못 간다면 투자하지 않을 용기도 필요하다.

부자들만 돈을 벌게 해서는 안 된다

닛케이 225, 외환, 상품선물거래의 경우는 레버리지를 걸어서 거래하기 때문에 한순간에 크게 돈을 벌 가능성이 있다.

하지만 레버리지는 양날의 검이라서 소유 포지션과 반대 방향으로 크게 작용했을 경우, 투자한 자금에 손실을 초래해서 더 큰 손실을 낼 리스크도 있다.

이것을 방지하기 위해서 추가증거금을 투입할지 로스컷, 즉 손절할지를 강요당하게 된다. 이러한 거래에서는 부자가 최후의 승자가 된다.

그렇다면 왜 최종적으로 부자가 이기는 것일까? 추가증거금을 넣을 여유가 있기 때문이다. 계속 하락을 이어가는 주식도 계속 상승세를 이어가는 주식도 없기에 설령 폭락했다 하더라도 다시 상승의 파도가 밀려온다. 돈 없는 사람이 이길 수 없는 것은 추가증거금을 넣을 여유가 없기 때문이다. 1회나 2회의 추가증거금이라면 넣을 수 있지만, 그것이 3회, 4회로 이어지면 자금을 넣을 여력이 없어진다.

그러면 포지션을 던질 수밖에 없으므로 벌어놓은 돈을 전부 잃게 된다. 반대매매를 해서 일시적으로 지킬 수는 있으나 운신의 폭이 좁아질 위험이 있다. 그러나 부자는 추가증거금을 넣어서 포지션을 지키고 폭락의 폭풍을 견딜 수가 있다. 그리고 회복했을 때는 이익을 취할 수 있으며 결국 회복하지 못한다 해도 손실을 최소화할 수 있다. 따라서 좀 지루하겠지만 한 번에 크게 벌려는 생각보다 소액을 운용해서 인내심을 갖고 조금씩 늘려가는 것이 좋다.

이기는 투자는 원래 지루하고 인내심이 필요하다.

앞으로는 상품선물거래가 재미있어진다

필자가 현재 주목하고 있는 것이 원자재(commodity), 즉 상품선물(商品先物)거래다.

원유 가격이 급등하면 석유 주를 사서 일주일 만에 2천만 원의 수익을 낸 적도 있었고, 지금도 불황 이후의 백금(platinum)을 사서 6개월 만에 8천만 원의 수익을 내고 있다. 개중에는 자기자금 3천만 원으로 시작해서 2008년의 백금 대폭등으로 반년 만에 10억 원의 수익을 낸 회사원도 있다고 한다.

일반인에게는 하이 리스크 · 하이리턴의 이미지가 있는 것 같다. 하지만 금이나 백금은 레버리지가 천 배, 원유나 옥수수도 5십 배 등의 하이 레버리지가 걸려있는 것만은 확실한 것 같다.

그렇다면 필자는 왜 원자재에 투자하는 걸까? 그 이유는 앞으로의 자원수요 증가에서 이익을 노린다는 측면도 있지만, '상품 시장을 통해서 일반인에게는 보이지 않는 세계가 보이기 때문'이다.

석유는 고래처럼 다양한 성분이 원재료와 연료로 되어 있어 어느 하나도 버리는 것 없이 사용된다. 하이브리드 자동차나 솔라전지 패널을 만드는데도 발전소를 만드는데도 석유가 필요하다. 즉, 친환경(eco) 제품에도 결국 석유가 필요한 것이다. 그 하이브리드 자동차와 휴대전화 등에는 니켈이나 네오지움 등과 같은 레어메탈(희소금속)이 사용된다. 다시 말해서 선진 기술 제품을 만들기 위해서는 지하자원이 필요한 것이다.

백금은 귀금속으로서 뿐만 아니라 자동차의 배기가스를 정화시키는 촉매제로도 사용되고 있으며 대두나 옥수수는 제품의 원료 이외에도 사료나 연료로도 사용된다. 이처럼 원자재는 경제, 생활과 밀접하게 연결되어 있으므로 원자재의 움직임을 보면 경제도 보이는 것이다.

많은 사람이 '상품선물거래는 하이리스크'라고 생각해서 리스크 면에만 초점을 맞추기 때문에 상품 시장에는 들어오지 않는다. 즉 많은 사람이 상품 시장을 통해서 경제를 읽을 수 없다는 점 때문에 다른 사람들과 차별화되는 정보나 관점을 발견할 수 있는 것이다. 앞으로는 상품선물거래에 관심을 가져볼만하다.

금융상품으로 자산 증식하기

시장의 왜곡을 초보자가 발견할 수 있을까?

'효율적 시장 가설'이라는 것이 있다.

시장에서는 수많은 금융 전문가들이 격전을 벌이고 있어서 저가주(低價株)가 있으면 재빨리 발견해서 매매한다. 이렇게 해서 시장의 왜곡은 시정되고 적절한 가격으로 수렴되어 나간다. 즉, 왜곡 상황이 장기간 방치되는 일은 없다는 뜻이다.

슈퍼 엘리트인 금융 전문가들이 하루 종일 혈안이 되어 각종 분석을 통해서 어딘가에 싼 종목이나 대상이 없는지를 탐색한다. 들이는 시간과 능력이 그들에게 뒤처지는 우리가 과연 그들을 이길 수 있을까?

답은 '이길 수 있다'이다. 하지만 난이도(難易度)가 높다.

왜냐하면, 투자란 독단과 편견과 감정에 의한 행동이기 때문이다. 똑같은 것을 보더라도 어떤 사람은 가치가 있다고 느끼지만 어떤 사람은 가치가 없다고 느낄 수 있기 때문이다.

필자가 부동산을 사기 시작한 것은 2003년부터인데 이때만 해도 많은 사람이 부동산은 위험하다고 생각하던 시절이었다. 하지만 금융기관이 부동산에 대한 융자에 적극적인 자세를 보였기 때문에 단기간에 여러 물건을 취득할 수 있었다.

그 후에 대출 회수로 시장이 축소되기 시작한 것이 2007년이기 때문에 시장의 이러한 왜곡은 5년여 만에 수정되었다.

필자가 '닌텐도 주식이 좋다'고 생각한 것은 2007년 초반으로, 한 주당 30만 원대였는데 너무 급등한 것이 아닌가 싶어서 사는 것을 보류했다. 하지만 그 후 1년이 채 안 돼 70만 원까지 급등하는 바람에 잠재이익을 놓친 셈이 되고 말았다.

단, 그 후에는 폭락해서 다시 원래로 돌아갔기 때문에 이 왜곡을 잘 이용했으면 큰 이익을 얻을 수 있었을 것이고 거꾸로 큰 손실을 본 사람도 있었을 것이다.

이처럼 같은 대상에 주목한다 해도 쓰고 있는 안경이 달라서 보이는 것이 다를 수밖에 없다. 그곳에서 시장의 왜곡이 발생하는 것이다.

기업의 가치를 사라

부동산 투자는 물건이 미래에 창출하게 될 '자금흐름(캐시플로우)'에 가치를 발견함과 동시에 '부동산을 사는 것이 아니라 지역을 사는 것'이라는 관점이 중요하다.

주식투자도 마찬가지로 '기업이 미래에 창출하게 될 캐시플로우'에 가치를 발견함과 동시에 '주식을 사는 것이 아니라 기업을 사는 것'이라는 관점이 중요하다. 즉 그 기업에 대해서 다음과 같은 것을 고려하는 것이 좋다.

1. 무엇을 사서 돈을 벌고 있는가? → 비즈니스 모델을 이해할 것.
2. 동종 타사와 비교해서 강점은 무엇인가? → 강점의 근원을 파악할 것.
3. 앞으로도 강점을 계속 유지할 수 있는가? → 환경 변화에 대응이 가능한가?
4. 주가가 오를 수 있는 스토리텔링이 가능한가? → 주가와 가치의 갭을 줄여줄 시나리오가 보이는가?

1은 자신이 이해하지 못하는 비즈니스 모델 종목에는 손을 대지 말라는 뜻이다.

2는 가령 맥도날드처럼 식자재 분야에서 세계적으로 최적화된 구매시스템이나 종업원 교육 프로그램, 신규 점포 입지 분석 시스템 등 타사에서 흉내 낼 수 없는 뛰어난 강점을 내 세울 수 있을지의 여부를 말한다.

3은 가령 유니클로를 운영하는 퍼스트리티링처럼 여성 의류, 속옷, 청바지, 신발처럼 환경 변화에 대응해서 히트 상품을 내는 구조를 구축하고 있는가 하는 것이다. 또는 도쿄디즈니랜드를 운영하는 오리엔탈랜드처럼 환경 변화에 전혀 영향을 받지 않아도 되는 독자적인 강점을 가지는가 하는 것이다.

그리고 가장 중요한 것은 4번이다. 가령 자신이 인정하는 가치보다도 분명히 주가가 낮다고 하자. 이후 많은 사람이 그 기업의 매력을 깨달아서 주가가 상승할 것이 예상되는 재료가 나올지의 여부다. 이러한 시나리오를 쓸 수 있을 때 중장기 보유를 통해서 이익을 얻게 될 가능성이 크다.

자녀를 입사시키고 싶은 기업의 종목을 사라

주가가 하락해도 크게 신경을 안 쓰는 것은 자신이 응원하는 기업의 주식을 샀다는 순수한 투자개념으로 주식을 샀기 때문이다. 응원하고 싶은 회사를, '이 정도면 되겠지'라고 생각되는 적정 가격에 사놓고, 그 사실 조차도 잊어버린 채 몇 십 년 동안 보유하면서 배당금을 받는다. 필자의 지인은 자기 자녀를 입사시키고 싶은 회사의 주식을 산다고 한다.

그렇게 하면 가격이 오르면 오르는 대로 기분이 좋고, 또 내려가면 내려간 대로, '또 살 타이밍이 왔다'고 생각할 수 있어서 주저 없이 에버리지 다운*을 할 수 있게 되어 따뜻한 마음으로 지켜볼 수 있다는 것이다.

***에버리지 다운(Average Down, 물타기)**
보유하고 있는 주식의 주가가 하락했을 때 더 사서 매입 원가를 낮추는 것.

종목 선정이 힘들면 어떻게 해야 할까?

초심자 일수록 주식투자부터 시작하는 경향이 있는데 필자는 초심자 일수록 어려운 것이 주식투자라고 생각한다. 왜냐하면, 실적과 주가가 반드시 연동하지 않기에 그 추이를 읽어내기가 어렵기 때문이다.

그런 이유로 난이도가 가장 높은 것이 주식투자이며 초심자가 피해야 하는 투자 대상이라고 생각한다. 특별히 마음에 둔 회사가 있지 않은 한, 개별 종목 기업 평가에 시간을 들이는 것이 귀찮다고 생각하는 사람도 있을 것이다.

그럴 경우는 닛케이 225 선물거래*가 있다. 여기서는 종목 선정이나 종목 개별 뉴스에 신경 쓸 필요가 없다. 닛케이지수 평균의 동향에만 주력하면 되기 때문에 편하다. 게다가 도산 위험도 없다. 더구나 롱(매수)뿐 아니라 쇼트(매도)에도 넣을 수 있어서 상향 시세나 하향 시세에서도 이익확정의 기회가 있다. 여기서 팁은 돈을 넣을 때나 이익확정을 할 때도 한 번에 모든 돈을 다 움직이지 말고 투자 자금에 여력을 남기면서 분할해서 사고팔아야 한다는 것이다. 이렇게 해서 타이밍을 분산시키면 달러평균 원가법(dollar-cost averaging)과 같은 리스크 헤지(risk hedge, 손실 방지)가 가능하다.

물론 레버리지 효과가 생기면 예상보다 반대 방향으로 갔을 때 손실도 커지므로 주의가 필요하다. 두려움을 느낀다면 그 10분의 1의 금액으로 가능한 닛케이 225mini라는 것도 있다.

***닛케이 225 선물거래**
닛케이 평균(225 종목)으로 구성되어 있는 지수연동형 선물거래.

외환 투자 시에 유의할 점

외환 시세의 변동은 미래를 한 치 앞도 예측할 수 없기에 고금리에 넘어가지 않도록 한다. 아무리 높은 금리를 얻었다 해도 환율 변동 영향의 크기로 비교하면 금리는 아무것도 아니기 때문이다.

최종적으로 자국 화폐로 환전할 것을 전제로 하면 환율의 영향을 받게 된다. 그래서 환율의 변동 리스크를 최소화 하려면 이후에 자국 화폐로는 환전하지 않거나 환전할 필요가 없다는 전제로 외화를 사는 방법이 있다.

물론 샀을 때보다도 환율이 떨어졌다면 다시 자국 화폐로 바꾸어도 되지만 처음부터 자국 화폐로 환전하지 않을 각오로 투자할 것을 권한다. 그러면 남은 외화는 어떻게 해야 할까?

현지에 여행 갔을 때 유흥비로 사용하거나 자녀가 유학 갔을 때의 학비나 생활비로 사용하면 된다. 즉 현지에 가서 현지 통화로 사용하면 된다.

리스크가 낮은 외화예금을 하려면 자신이 가보고 싶은 나라나 노후를 지내고 싶은 나라, 자녀를 유학 보내고 싶은 나라 등 현지에서 사용할 기회가 있는 나라의 외화를 사면 좋다.

필자는 뉴질랜드 달러(NZ)를 예금했는데 여행 갔을 때 현지에서 사용하거나 현재 부동산을 살 때 사용할 예정이므로 엔으로 환전할 생각은 지금으로서는 없다.

따라서 환율 리스크와는 무관하게 지낼 수 있는 것이다.

외환 투자로 100% 수익 내기 비법

쉽게 시작할 수 있는 금융상품 중 하나가 외환 투자인데 돈을 꾸준히 버는 것은 그리 만만한 것이 아니다. 자동 매매 툴 같은 것도 판매되고 있지만 실제로 잘 가동되고 있는 것 같지 않다.

외환으로 돈을 벌기 위해서는 여러 가지 방법이 있는데, 여기에서는 필자가 실제로 하고 있고 거의 100% 수익을 내는 방법을 소개해 보겠다.

필자의 경우는 기본적으로 폭락 시에 사들이고 스왑 포인트(swap point, 여유 있는 통화를 일정 기간 맡기고 부족한 통화를 차입하는 것)를 노린 방식이다. 참고로, 매도세에 들어가면 거꾸로 스왑 포인트를 지불해야 한다.

원래는 매수매도를 잘 분리함으로써 상향 시세나 하향 시세에도 이익을 낼 수 있는 것이 외환 투자의 장점이다. 하지만 단기로는 외화가 오를지 내릴지 알 수 없고 본업이 있기에 몇 시간 동안이나 차트를 들여다보고 있을 시간도 없다. 그냥 방치해 두기 위해서 매수에만 투자한다는 것이 필자의 방식이다.

물론 매수만 하는 싱글 포지션이기 때문에 로스컷(Loss Cut) 여력을 높이기 위해서 증거금에 대해 운용하는 금액을 낮게 설정해둔다. 이렇게 하면 환율 차익과 스왑 포인트의 이중 효과를 누릴 가능성이 크다.

필자의 경우에는 2009년 1월에 뉴질랜드 달러가 470원, 호주 달러가 610원일 때 사들였다. 현재는 200원 이상의 외환 차익을 내고 있다.

부동산 투자로 자산 증식하기

부동산이 자산형성의 새로운 스탠다드가 된다

최근에 있었던 세계 금융 위기를 통해서 확인한 것이 한 가지 있다.

그것은 수많은 자산운용 상품 중에서 가장 수익의 안정성이 높은 것이 부동산이라는 사실이다. 즉, 물건을 사서 다른 사람에게 빌려주는 방식이다.

필자가 보유한 물건도 그렇고 회사의 고객이 보유한 물건 역시도 서브프라임 쇼크나 리먼 쇼크의 영향을 거의 받지 않고 안정적으로 임대료를 받고 있다.

분명히 부동산 가격은 하락했지만, 개발업자나 전문매매업자와 다르게 우리는 특별히 팔 필요가 없어서 신경을 쓸 필요가 없었다. 환금성이 낮다는 것을 문제 삼는 사람도 있지만 원래 여유 자금으로 구매했기 때문에 급하게 팔아서 현금화시킬 필요도 없다.

물론 전혀 영향이 없는 것은 아니어서 사무실과 점포 등의 사업용 건물은 기업의 철수로, 고급 임대 맨션은 외주업체 직원들의 파업 등으로 공실이 이어지고 임대료도 내렸다. 하지만 일반적으로 우리가 사는 주택 임대 물건의 임대료는 거의 변화가 없다. 아마 독자분들 중에서도 이번 불황으로 인해 임대료가 반값이 되었다는 사람은 없을 것이다.

경기가 좋을 때나 불경기 때에도 주거 공간의 필요성이 사라지는 일은 없기에 좋은 장소에 적정 가격의 임대료가 보장되는 물건을 보유하면 공실이 생겨도 바로 다음 입주자가 들어오게 되어 있다.

그렇다고 해서 필사적으로 사고팔기 위해 바쁘게 움직이거나 시장을 오래도록 주시하는 일은 전혀 하고 있지 않다. 하지만 내 통장에는 매월 임대료가 꼬박꼬박 들어온다.

필자는 지금까지 부동산 투자의 장점을 충분히 느꼈으며 과거에 집필한 여러 저서에서도 언급했듯이 이번 금융 위기 사태를 통해서 다시 한번 부동산 투자가 자산형성 및 자산운용의 스탠다드가 될 자질이 충분히 있다는 것을 확신하게 되었다.

운과 재능은 따로 분리할 수 있다

지금까지 계속 말해왔듯이 필자는 주식이나 외환, 외화예금과 상품선물, 닛케이 225 선물 등 다양한 투자를 통해서 각각의 메리트와 디메리트를 경험해 왔다. 물론 엄청난 손실도 경험했고 여러 번 실패도 했다.

전문가의 시선에서 본다면 순전히 능력 부족에서 기인한다는 지적을 받을 수 있고 또 그 지적이 맞을지도 모르겠다. 그만큼 금융상품은 개인의 역량에 의해 좌우된다.

하지만 부동산은 개인의 능력에 많이 의존하는 편이 아니다. 필자가 소유하고 있는 건물이 임대료도 많이 내리지 않고 공실이 생겨도 쉽게 다음 입주자가 구해지는 것도 내가 특별한 노력을 해서가 아니며 그렇다고 내 능력이 뛰어나서도 아니다.

건물의 조건이 뛰어나서 입주자가 내 건물을 빌려 쓰기 때문이다. 또 우수한 관리회사에 맡겼기 때문에 낮은 공실률과 높은 임대료를 유지할 수 있는 것이다.

다시 말해서, 우수한 사원을 고용하면 회사가 잘 돌아가는 것처럼 우수한 물건과 우수한 관리회사를 선택하면 부동산도 원활하게 돌아간다는 것이다.

물론 주식이나 외환 등과 비교하면 거액의 자금이 필요하다. 그런 의미에서는 진입 장벽이 높다고 할 수 있지만 진입 장벽이 높은 만큼 일단 진입하면 편해진다. 단, 조악한 물건을 사거나 욕심을 내서 시세보다 너무 높은 임대료를 설정하는 것은 바람직하지 않다.

재현성(再現性)이 없는 투자 어드바이스는 아무런 도움이 되지 않지만, 성공 재현성이 높은 것이 바로 부동산 투자라고 할 수 있다.

유명인들이 부동산 투자를 하는 이유

굳이 로버트 기요사키를 언급하지 않더라도 창업 이외의 것으로 부를 축적한 세계적인 슈퍼 리치들은 부동산을 소유하고 있다.

일본에서는 시마다 신스케(島田紳助, 일본의 국민 MC)가 대표적인데 사실은 상당수의 예능인과 프로 스포츠 선수, 경영인, 자산가들이 부동산을 소유하고 있다.

일본에서 점술가로 유명한 한 여성은 러브호텔을 여러 개 보유하고 있고 필자의 회사에도 이름만 들어도 알만한 유명 연예인이 고객으로 이름을 올리고 있다. 또 미즈호 증권의 '제이컴 주식 오발주(誤發注) 사건'으로 20억 엔의 수익을 올린 것으로 유명한 일명 '제이컴 남(男)'이 나중에 아키하바라 역 앞의 상업 빌딩을 90억 원에 매입했다는 이야기는 유명하다.

이것은 필자의 억측인지 모르겠지만, 그는 주식투자의 불안정성을 경험하면서 부동산의 안정성에 착안하여 자산을 재편성한 것이 아닐까 생각된다. 그 정도의 자산규모가 되면 자신이 취한 포지션으로 시장이 움직이는 등으로 운용 면에서도 불안정해진다.

일본 통계청이 발표한 2008년 주택 및 토지 통계 조사에 따르면 세대별 연 소득이 1500만 엔~2000만 엔인 사람이 소유하는 임대주택의 숫자는 평균 6.6 가구이고, 연 소득이 2000만 엔 이상의 세대에서는 평균적으로 9.1 가구를 소유하고 있다고 한다(도표는 실거주 이외에 소유한 세대의 연소득 별 주택 소유율이다).

즉, 돈을 버는 사람들은 부지런히 부동산을 구입하고 있다는 것을 알 수 있다. 주식 거래가 제한되고 있는 고소득 금융기관 근무자와 부업이 금지된 공무원에게도 부동산이 인기가 있는 이유를 알 수 있을 것 같다.

◆세대의 연소득이 증가할수록 '임대용' 주택 소유율이 높다

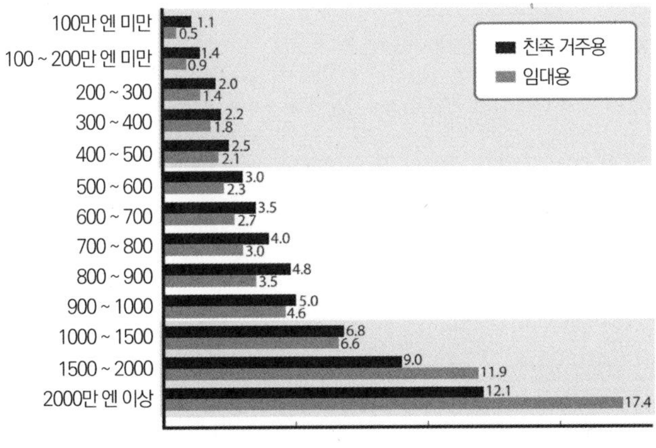

※세대의 연간 소득 계층별로 본 실거주 이외에 소유한 전국 주택 소유율(2008년)

자신의 판단을 소중히 여기자

부동산 투자에 관한 서적뿐 아니라 돈에 관해서도 다양한 서적이 나와 있는데 저자들은 제각각 전혀 다른 말을 하고 있다. 필자 역시 그들 중 한 사람에 지나지 않는다.

그렇다고 해서 누가 옳고 그른가의 문제인가 하면 그렇지도 않다. 단지, '누구'에게 옳은 것이고 '어느 시점'에서 옳은 것인가의 문제일 뿐이다. 가령 주변 사람 열 명에게 고양이 그림을 그려 달라고 부탁해 보자. 그러면 서로 다른 열 마리의 고양이 그림이 완성될 것이다. 그와 마찬가지로 '부동산 투자'를 예를 들어도 사람에 따라 보이는 방법이 다르고 경험해온 것도 다르기에 부동산 투자를 받아들이는 방식이나 투자에 대한 사고방식이 다르다. 또 시대에 따라서도 달라진다. 책을 집필할 당시에는 그것이 옳은 선택이었지만 환경이 바뀜에 따라 잘못된 선택이 되기도 한다. 사물에는 절대적인 것이 없고 진실은 하나만 있는 것이 아니다.

가령 필자에게 부동산 투자는 '좋아하는 일을 하기 위한 발판 만들기'가 진실이지만 사람에 따라서는 '가업'이 진실이 될 수도 있다. 물건 선택의 기준도 필자에게는 '안정'이지만 다른 사람에게는 '수익'이 될 수도 있다.

매주 몇 건씩 물건을 보러 다니고 여러 차례 매도인과 교섭한다. 싸게 후려쳐서 매입한 낡은 건물을 일요목수처럼 며칠에 걸쳐서 직접 수선과 리모델링을 해서 가치를 드높인다(밸류업). 또는 건물을 전매해서 큰 차익을 남긴다. 이런 것들도 투자 방법 가운데 하나이다.

다만 필자의 경우에는 투자와는 별도로 하고 싶은 일이 많아서 그런 일에 시간을 허비하고 싶지 않을 뿐이다. 따라서 이익은 조금 희생시키더라도 입주율이 높게 유지되는 일급지의 물건을 선택하는 것이다.

하지만 'X의 경우'에는 이윤이 높지 않으면 투자하는 맛이 나지 않는다고 생각해서 시간과 노력을 들여서라도 높은 수익을 얻는 행동을 취한다.

그렇다. 두 사람의 방법은 다 옳다.

어느 것이 좋고 나쁘다가 아니라 자신이 어떤 인생을 보내고 싶은지, 또 어떤 스타일을 원하는지를 생각해서 어떤 사람의 의견을 받아들여야 하는지를 선택하는 것이다.

어디까지나 최종적인 책임은 자신이 져야 하기 때문이다.

이윤보다는 안정성을 중시하는 전략을 짜라

지금으로부터 30년 전에 인터넷의 출현을 예측한 사람이 있었을까? 휴대전화가 개인당 한 대씩 보급된다는 것을 예측한 사람 또한 있었을까?

그만큼 시대는 변한다. 그리고 임대 경영은 일반적으로는 20년, 30년이라는 장기간에 걸쳐서 운영해나가는 것이다. 즉 무슨 일이 일어날지 전혀 알 수 없는 20년 후 30년 이후의 시대 변화를 헤쳐 나가지 않으면 안 된다.

자신이 소유한 건물 근처에 도로가 개통되어 사람들의 흐름이 딱 끊어질지도 모른다. 역 건너편이 재개발되는 바람에 내 건물이 위치한 지역이 인기가 떨어져 임대료가 크게 하락할지도 모른다. 하지만 그런 것은 전혀 예측할 수 없다.

실제로 공장에 근무하는 종업원을 대상으로 지은 아파트는 현재 꽤 공실이 늘어났다. 구매 당시의 이윤이 아무리 높아도 계속 유지하지 않으면 의미가 없다. 그렇기에 더욱 필자는 도심의 역 인근을 선택한 것이다. 이곳이 안 된다면 일본 전국 어디에서도 안 될 것이기 때문이다. 수도의 천도(遷都) 계획이 거론되다가 사라졌는데 적어도 우리가 대출을 갚을 때까지는 수도인 도쿄는 변하지 않을 것 같다. 물론 절대라는 것은 없다.

하지만 미래를 예측할 수 없기에 더욱 현시점에서 우리는 어려운 선택지를 선택해야 한다. 인기가 있는 장소는 당연히 가격이 비싸기에 이익도 적다. 따라서 이익과 리스크의 균형을 어디에서 잘 맞출지는 개인의 판단이 될 수밖에 없다.

부동산에 '의외로 싼 매물'은 없다

부동산을 매입할 때는 싼 매물을 찾으라고 조언하는 사람들이 있다. 하지만 부동산을 늘려가려면 현재 시장 상황에서 자신의 목적에 딱 맞는 것을, 어느 정도는 단호하게 선택하는 것이 지름길이다. 그렇지 않으면 몇 년 동안 파랑새를 찾아 헤매게 된다.

비록 햇볕이 잘 들지 않아도 임대료가 싸다면 집에는 저녁에 잠만 자러 들어오는 젊은 남자 회사원이 선택해 줄지 모른다. 역세권이 아니더라도 도중에 경사길이나 신호가 없고 상점가를 통과하는 루트가 있으면 거리가 멀다고 느끼지 못 할뿐더러 밤길도 안전해서 여성들이 선호할 수도 있다.

세상에는 다양한 라이프 스타일과 니즈를 가진 사람들이 있고 특히 도심권이라면 더욱 더 다양한 사람들이 모인다. 따라서 그런 사람들의 다양한 요구들을 상상을 해보는 것이 좋다. 입주자가 매력을 느끼는 임대 물건 제공이 가능하다면 시대를 불문하고 만실(滿室) 경영이 가능하다.

만약 엄청나게 좋은 조건의 물건인데 시세보다 꽤 낮은 가격에 나왔다면 어떨까?

선뜻 덤벼들기 전에 물건을 파는 주인의 심리를 한번 헤아려보자. 어떤 물주(物主)도 자신의 소유물인 부동산을 아무 이유 없이 싸게 팔고자 하는 사람은 없다. 한 푼이라도 더 받고 싶은 것이 사람의 마음이다. 여러분도 그럴 것이며 필자 또한 그렇다.

뒤집어 생각하면 싼 가격에 나온 이유, 즉 싸지 않으면 안 팔리는 어떤 이유가 있는 것은 아닌지 생각해 봐야 한다.

가령 너무 낡아서 수리비가 많이 든다거나, 임대주기가 만만치 않다거나 인구 감소, 또는 그 지방에 있는 공장의 철거 소문이 돈다거나 하는 등이다. 저렴한 부동산을 사는 것이 목적이 되어서는 안 된다.

'싼 게 비지떡'이 되지 않도록 신중하게 선택해야 한다.

샐러리맨이 임대 경영에 더 유리하다

필자는 세미나와 강연회를 할 때 항상 하는 말이 있다.

"앞으로의 시대는 나이와 성별, 직업에 상관없이 어느 입장에 서건 간에 일하지 않고 얻어지는 '안정적인 부수입원(源)'이 있어야 한다."고 말이다. 또 이것이 실현되면 다음과 같은 인생이 펼쳐진다고 말하곤 한다.

- 하기 싫은 일은 안 하고 좋아하는 일만 한다
- 실패를 두려워하지 않고 새로운 일에 도전할 수 있다
- 돈이 없다는 이유로 포기하지 않아도 된다
- 선택지가 늘고 그것을 스스로 선택할 수 있다
- 자신을 위한 시간이 늘어난다

그 방법 가운데 하나가 부동산 투자이며, 그 후에는 '자유'를 '쟁취'할 수 있다.

말이 쉽지 '부동산 같은 것은 나에겐 인연이 없어'라고 생각하는 사람도 있을 것이다. 하지만 우리의 생활은 부동산과 분리해서 생각할 수 없다. 생활을 위한 임대는 물론 '마이홈'도 모두 부동산으로 연결된다. 점포나 사무실을 구해서 사업을 시작할 때도 역시 부동산과 연결된다. 부동산은 그렇게 우리 생활 가까이에 있음에도 불구하고 그것이 '투자'가 된다고 해서 인연이 멀어지는 것은 아니다. 오히려 너무 가까워서 어렵게 느껴지는 것인지도 모르겠다.

회사원 시절에 필자는 원룸 아파트와 아파트 한 동 등 10건의 부동산을 취득해서 월 천만 원의 임대 수입을 올렸다. 연간 1억이 넘는 소득이 있으므로 일단 생계를 위해 일할 필요는 없었다. 사치만 하지 않으면 일하지 않고도 충분히 살아갈 수 있기 때문이다.

그것이 어떻게 가능 했을까? 이유는 필자가 샐러리맨, 즉 회사원이었기 때문이다.

회사원이었기 때문에 대출을 받을 수 있었다. → 대출을 받을 수 있었기 때문에 10%의 자기 자금으로 고액의 부동산을 살 수 있었다(현재는 20% 정도가 필요하다). → 부동산을 살 수 있었기 때문에 임대 수익을 얻게 되었다

간단히 말해서 그렇다는 것이다.

이렇게 회사원이라는 입장은 매우 유리하지만, 실제로 회사원이라는 입장이 경제 가치를 낳는다는 사실을 모르고 있는 사람이 많은 것 같다. 그 사실을 모르는 채 사는 사람과 그 특권을 완벽하게 활용하는 사람과는 큰 차이가 있다.

4장_돈을 현명하게 쓰는 재능

1. 돈을 가치 있게 쓰는 법을 숙지한다
2. 자신에게 투자하라
3. 한 단계 위로 올라가기 위한 돈 사용 법
4. 남을 위해서 돈을 쓰자
5. 자신의 가치 기준에 돈을 쓰자

돈을 가치있게 쓰는 법을 숙지한다

돈의 사용법을 알면 돈에 휘둘리지 않는다

돈의 재능 중에서 매우 중요한 요소가 이 '돈의 사용법'이다. 우리는 좋든 싫든 간에 돈을 순환시키는 사회 시스템 안에서 살아가고 있다. 거꾸로 말하면 돈을 쓰지 않는 사람은 사회의 시스템으로부터 소외 된다는 말이 된다.

'돈은 경제의 혈액'이라고 일컬어지듯이 순환을 해야 비로소 그 효능을 발휘한다. 물이 고여 있으면 썩듯이, 돈도 유통하지 않고 쌓아 놓기만 하면 정체되어 그 사람에게는 새로운 돈이 들어오지 않게 된다. 그렇게 되면 '부자'가 아니라 단순히 '저축인'에 불과하다.

일본의 고령자의 경우, 은행이나 우체국에 몇 억의 돈을 저축해

놓고도 만일의 일에 대비한다고 쓰고 싶은 것을 참고 살다가 결국 고액의 자산을 통장에 그대로 쌓아 놓은 채 세상을 떠나는 사람이 많다고 한다. 저 세상에 갈 때 돈을 가져갈 수 없다는 것을 알고 있지만 불안감이 그 만큼 컸기 때문일 것이다.

돈도 이와 마찬가지로 잘 쓸 줄 아는 사람에게는 좋은 순환이 생기기 때문에 어느 사이엔가 돈이 들어오게 된다. 하지만 쌓아놓기 하는 행위(저축)는 돈의 순환을 막는 것이기 때문에 그런 사람에게는 돈이 잘 들어오지 않는다.

필자가 존경하는 대부호는 '돈이라고 하는 것은 양동이의 물과 같은 것이다'라는 가르침을 주었다. 내 수중으로 긁어 모으려고 하면 옆구리로 줄줄 새어나가 없어지지만, 밖에서 유통하면, 즉 돈을 쓰면 반대로 모인다는 것이다.

'손해 보고 더 큰 이득을 취하라'는 말이 있듯이 눈앞의 적은 액수의 돈에 연연하다가 나중에 얻게 될 큰 사냥감을 놓치는 일은 없어야 할 것이다.

돈을 쓰면 세계가 확장된다

모두가 소극적으로 돈을 모아서 저축만 한다면 돈이 움직이지 않고 소비도 위축 되어서 그 결과 경제는 순환되지 않고 정체된다. '모두가 돈을 안 쓸 때 나는 돈을 쓴다.'는 사고방식이 경제를 활성화 시킨다.

돈을 씀으로서 비로소 주변 환경이 움직인다. 가령 광고를 내면 그 광고를 본 사람이 반응을 하고 문의를 해 온다. 영어회화 학원이나 휘트니센터 등 자기개발에 투자를 하다보면 자신의 능력이 향상된다. 만나보고 싶은 사람을 식사에 초대함으로써 새로운 인맥이 생긴다.

돈은 모으기만 하면 아무 일도 일어나지 않는데, 돈을 쓰다보면 사람이 움직이고 자기 세계가 확장된다. 자신을 위해서 돈을 쓰면 스스로가 높아지고, 남을 위해 돈을 쓰면 타인과의 연결고리가 생긴다. 현대 사회를 사는 우리는 돈을 쓰면서 자기 인생을 만들어 나가는 것이다.

서점에 가면 주식이나 외환을 다루고 있는 이른바 '재테크 지침서'가 빼곡히 쌓여있다. 물론 이 책도 그런 종류이긴 하다. 하지만 돈을 어떻게 쓰면 좋은지를 가르쳐주는 책은 매우 적다는 사실을 깨닫게 된다.

돈을 어떻게 모으고 자산을 증식해 나가야 하는지에 대한 관심은 무척 높은데, 돈을 어떻게 써야 하는지에 대한 이른바 '돈 사용법'에는 거의 흥미가 없다. 아니면 돈 쓰는 일이 쉽다고 생각하는 것일까?

분명한 것은 낭비하기는 쉽지만 자기 인생을 바꾸고 인류에 공헌하며 만족도 높게 돈을 쓰는 것은 생각보다 어렵다는 것이다.

정말로 중요하고 어려운 것은 돈을 버는 것보다 쓰는 것이다. 돈이 있으면 인생이 즐겁고 풍요롭다는 것이 기본적으로는 틀림이 없지만, 돈은 남보다 많은데도 인생의 만족도는 남보다 못한 사람이 이 세상에는 많이 있다.

돈은 사용법이 까다로운 도구다

돈이라는 것은 원래 도구에 지나지 않는다. 그 도구가 아무리 훌륭하다 해도 사용법을 모르면 보물을 갖고도 썩히게 된다. 설령 돈을 잘못 사용했다가는, '인색하다', '옹졸하다', '쩨쩨하다'는 낙인이 찍혀버린다.

'돈을 버는 데는 교양이 필요 없지만, 돈을 쓰는 데는 교양이 필요하다'고 요로 다케시(養老孟司)씨는 말한다. 분명히 지금의 일본에서는 본인이 원치 않는 경우를 제외하고는 일자리는 얼마든지 있기에 돈을 버는 것 자체는 누구든지 할 수 있다. 하지만 돈을 제대로 쓰는 것은 정말로 어렵다.

필자는 직업상 성공한 사람들과 앞으로 성공을 목표로 하는 사람들을 수없이 만나왔는데, 그들과 다른 사람을 구분 짓는 유일한 방법은 '돈의 사용법'이었다.

성공한 사람이 돈 쓰는 방법은 어떤 형태가 되든 간에 세련되었다. 꼭 필요한 곳에는 아낌없이 쓰고 불필요한 곳에는 한 푼도 쓰지 않는다. 다시 말해서 보람있게 돈을 쓴다고 할 수 있다. 반대로 가난한 사람이 돈 쓰는 방법은 어떤 형태가 되든 간에 궁상맞다. 적은 돈도 아까워하면서 내고 남을 초대해 놓고는 나눠 내자고 한다. 해외에 가서도 팁을 아까워하고 사례하는 것도 아까워한다. 돈을 보낼 때 조차 이체수수료를 빼고 입금하는 사람도 있다.

매사가 그런 식이므로 옹졸한 장면만 기억에 남는다. 결국, 같은 돈을 쓰고도 보람없이 쓰는 것이다.

이왕 돈을 쓸 거면 보람있게 쓰자

이 세상에는 같은 돈을 쓰고도 '보람 있게 쓰는 사람'과 '보람 없게 쓰는 사람'이 있다.

A 부장이 모처럼 부하들에게 술을 한턱내려고 10만 원을 건넸다. 그러면 부하 직원들은 '겨우 10만 원으로 무슨 술을 마시라고? 인색하기는...'이라는 말을 듣는다.

반면 B 부장은 '다들 차라도 한 잔 마시고 오지!'라고 하면서 똑같은 10만 원을 건네면, '와, 부장님 통이 크시네요. 감사합니다!'라며 감격의 목소리가 흘러나온다.

같은 10만 원을 쓰더라도 A 부장은 인색하다는 소리를 들으면서 욕을 먹고, B 부장은 통이 크다는 소리를 들으면서 존경을 받는다.

A 부장은 10만 원이나 되는 돈을 쓰고도 오히려 자신의 평판을 떨어뜨렸다. 다시 말해서 '보람 없게' 돈을 쓴 것이다. 반면 B 부장은 단돈 10만 원으로 30만 원의 효과를 냈다. 즉 '보람 있게' 돈을 썼다.

이처럼 돈 쓰는 방식을 통해서 그 사람의 성격이 드러난다.

돈을 어떻게 쓰느냐에 따라 신용을 얻기도 하고 신용을 잃기도 한다. 따라서 우리는 어떻게 효과적으로 돈을 쓸지에 대해서 깊은 사고가 필요가 있다.

불안할 때 일수록 돈을 써라

수입이 줄거나 경제적으로 불안해지면 바로 수입 범위 내에서 생활비 지출을 줄이는 사람이 있다. 이것은 잘못된 생각이다. 왜냐하면, 사고가 정지되어 축소균형을 초래하기 때문이다.

기업에서도 마찬가지로 불경기 때는 제일 먼저 광고 홍보비용을 삭감한다. 그러면 매출은 점점 더 감소한다. 하지만 불경기이기 때문에 집객(集客)으로 이어지는 광고나 판촉에 돈을 써야 한다.

개인도 그와 마찬가지다. 현대를 사는 우리는 생활이 불안 할수록 수입을 더 많이 늘리는 방법에 돈을 써야 한다. 인맥을 넓히려면 음식비, 즉 교제비에 돈을 쓰고, 스킬을 연마하려면 책이나 자기개발 등에 돈을 쓰는 것이 바람직하다.

돈을 쓴다면 모름지기 투자를 하라

'돈을 쓰는 것은 투자하는 것'이라는 사고방식을 가져보자. 즉 수익이 생기지 않는 지출은 투자가 아니므로 거기에는 큰돈을 쏟아 붓지 말고, 지출한 돈 이상으로 수익이 예상되면 주저 없이 돈을 쓴다. 그런 방법을 의식해 보라는 것이다.

필자는 누군가를 초대해서 식사할 때는 항상 필자가 돈 내는 것을 원칙으로 한다. 어떤 상대가 되었건 간에 함께 식사할 기회는 자주 있는 것이 아니므로 그때는 최대한 맛있는 요리와 좋은 술을 대접하고 식사비에 대한 부담도 주고 싶지 않기 때문이다.

그러면 나와 함께 보낸 시간이 상대방의 기억 속에 좋은 인상으로 남게 될 것이다. 또 어쩌면 나와의 만남을 또 원할 수도 있다. 그것이 인연이 되어 친한 친구가 되기도 하고 좋은 사업 파트너로 발전할 수도 있다. 거기에 들이는 비용이 나에게는 좋은 인간관계를 구축하기 위한 투자인 것이다. 그 대신 혼자 식사를 할 때는 정말 간단하게 끝낸다. 아무리 맛있는 음식을 먹어도 결국에는 혀가 만족할 뿐 자기만족의 세계에 불과하다. 그래서 식사는 얼른 끝내고 다른 유익한 일에 시간과 돈을 쓰는 것이 더 바람직하다고 생각한다. 물론 가끔은 자신을 위해 좋은 식사도 하길 바란다.

또 회사원 시절에는 약속 시간에 일찍 도착하면 대개 편의점에서서 책을 읽으면서 시간을 보내곤 했다. 지금은 조금이라도 시간이 나면 커피숍을 찾아서 들어간다. 몇 천 원의 커피값을 내지만 서류를 훑어보거나 아이디어를 정리할 수 있으니 커피값이 아깝다는 생각은 들지 않는다.

이동할 때에도 지하철로 30분 걸리는 곳을 택시로 10분에 도착할 수 있다면 주저 없이 택시를 선택한다. 시간이 20분이나 절약되는 데다 차 안에서 잠시 휴식을 취하는 등 유효하게 활용하면 택시비에 돈을 더 쓴다 해도 충분히 대가가 돌아오기 때문이다.

돈을 쓸 때는 '이 지출이 나에게 무엇을 가져다 주는가?', '나는 어떤 가치에 돈을 쓰고 있는가?'를 귀찮다고 생각하지 말고 그때그때 생각해 보는 것이 매우 중요하다.

자신에게 투자하라

투자 대상으로서의 자신을 믿을 수 있는가?

어떤 투자보다도 확실한 수익이 보장되는 것은 자신에게 투자하는 것이다.

자신에 대한 투자는 과세도 되지 않을뿐더러 다른 사람에게 빼앗길 위험도 없다. 게다가 쓰면 쓸수록 더 연마된다. 우리가 정말로 만들어야 할 자산은 아무리 써도 닳거나 없어지지 않는 것이어야 한다. 하지만 자신에게 투자하기 위해서 돈을 쓴다는 생각이 자연스럽게 자리하기까지는 의식적인 노력이 필요하다.

이것이 나를 위한 '투자'라는 것을 머리로는 알고 있어도 지금까지의 습관이나 사고방식 때문에 한동안은 '아깝다'는 생각과 '돈을 쓰고 싶지 않다'는 생각 때문에 자신과의 싸움을 해야 할 것이다. 이 싸움에서 승부는 오로지 '자기 미래에 대한 진정한 믿음' 여부에 달려있다.

투자는 수익을 내기 위한 행위이기 때문에 보통은 수익성이 높은 것이 투자 대상이 된다. 가령 현재는 20억의 연봉이 앞으로는 30억이 된다고 한다면 자신을 위한 연간 2~3천만 원의 투자는 결코 비싸다고 느끼지는 않을 것이다. 그 2~3천만 원이 아깝다고 느끼는 사람은 자신에게 투자해도 큰 이익을 볼 수 없다는 생각이 마음속 어딘가에 자리하고 있기 때문이다.

'수입의 10%는 자신을 위해 투자하라'는 말을 하는데 필자는 그 비율도 너무 적다고 생각한다. '내가 이 정도에서 끝날 사람 같아?'라고 생각한다면 적어도 3분의 1은 자신을 위한 투자에 할애하게 되지 않을까? 만일 당신이 미혼이라면 자신을 위해 더 투자해도 좋을 것 같다.

'그것은 무리야', '그러면 생활은 어떻게 하지?'라는 생각을 할지도 모른다. 그렇다면 자신이 보통 때 어떻게 돈을 쓰고 있는지 자신의 스타일을 냉정하게 뒤 돌아보기 바란다.

예를 들면, 주거비(임대료, 대출금 등)에 매달 얼마를 지출하고 있는가? 50만원? 100만원? 아니면 200만원?

그렇다면 자기개발을 하는데 쓰는 비용은 얼마인가 하면 기껏 해야 한 달에 몇 십만 원 정도가 아닐까? 이 균형은 어딘가 이상하게 느껴지지 않는가? 투자라는 관점에서 생각한다면 주거비는 경제적으로는 이익을 창출하지 않는다.

한편 자기개발에 투자는 나를 성장시켜주기 때문에 투자한 금액은 앞으로 5년, 혹은 10년 후에는 크게 성장해서 돌아오리라는 것을 기대할 수 있다. 그럼에도 자기개발비가 주거비의 10분의 1이라는 것은, 요컨대 '나'라는 인간은 사는 집의 10분의 1의 미래가치 밖에 창출해 내지 못한다는 것을 스스로가 인정하는 셈이 되는 것이다.

자신의 성장에 대한 믿음이 있는 사람이라면 주저 없이 자신에게 투자할 수 있다. 반면, 자신의 성장을 진심으로 믿지 못하는 사람은 자신에게 투자할 수 없다. 다시 말해서 자신의 미래에 대한 확신을 갖지 못하는 사람이라고 할 수 있다.

◆지출의 균형을 고려해보자

"자신을 위한 투자를 좀 더 늘여보자!"

2) 경험은 최고의 자기 투자다

자신에 대한 투자는 책이나 세미나, 학교에 국한된 것은 아니다. 일에 직접적인 도움이 되는 것만이 자신을 위한 투자가 아니기 때문이다.

가령 가부키(歌舞伎, 음악과 무용, 기예가 어우러진 일본의 전통연극)나 노(能, 일본의 무대예술 중 가장 오랜 역사를 지닌 가면극)와 같은 전통 예술을 감상하면서 일본의 문화 느끼기, 고급 호텔에 숙박해서 최고의 대접 받아보기, 피아노나 다도(茶道) 배우기, 댄스나 격투기처럼 남들이 많이 하지 않는 스포츠 체험하기, 휴가를 이용해서 단기 유학하기, 해외에서 히치하이킹으로 여행하기 등 요컨대 직접 체험 하면서 거기에서 무엇을 느끼는지가 중요하다.

경영 컨설턴트를 하는 친구가 말하기를 사고의 틀을 넓히는 일이 세 가지가 있는데, 사람을 만나는 일, 책을 읽는 일, 그리고 여행을 하는 일이라고 했다.

예를 들면, 해외여행을 가서 역사가 다른 도시를 접하고 지금까지 본 적 없는 대자연을 접하며 문화나 가치관이 다른 사람을 만난다. 그러다 보면 본인이 원하지 않아도 자기 나라와의 차이점을 생각하게 된다.

가령 일본에서는 수도꼭지를 비틀면 물이 나오는데 그렇지 않은 나라도 있다. 병에 걸려도 의사를 만나기조차 힘든 나라도 있다. 또 직업 선택의 자유가 없는 나라도 있다.

이러한 경험은 우리의 사고의 틀을 크게 키워준다.

물건은 돈만 내면 누구나 살 수 있지만, 경험은 똑같이 해도 느끼는 것은 저마다 다르다. 또 경험을 통해서 축적된 지혜는 자신만의 것이 되고, 아무도 흉내 낼 수 없으며 누구도 빼앗아 갈 수 없다. 그런 만큼 가치가 있는 것이다.

한 단계 위로 올라가기 위한 돈 사용법

일류(一流) 체험에 돈을 써라

일류 접객 서비스를 받거나 그곳에서 일하는 사람들이 손님을 응대하는 모습을 접하게 되면 자신의 행동도 덩달아 세련 되어진다. 거기에서 조금 더 분발해서 무리해서라도 가끔씩 고급 레스토랑에서 식사하고 일류 호텔에 숙박할 것을 추천한다. 서비스라는 것은 직접 체험해보지 않으면 그 가치를 알 수 없다.

따라서 그런 경험이 없는 사람은 그런 것 따위는 자신에게 필요없다고 단정해 버리므로 그런 서비스를 받는 사람이 되려는 의욕이 끓어오르지 않는다. 하지만 한 번이라도 일류 서비스를 체험하게 되면 왜 사람들이 큰돈을 기꺼이 내는지 자연스럽게 알게 된다. 일류와 그 이하의 서비스는 질적으로나 만족감에서 큰 차이가 나기 때문이다. 그런 경험은 틀림없이 자신에게 영향을 준다. 그리고 호스피탈리티(hospitality, 접대)가 무엇인지, 고객 만족이 무엇인지를 신중하게 생각하게 만들어서 다음 날부터 행동에 변화를 가져다준다.

최고급 호텔에서 차를 마셔보라

연봉 5천만 원을 받아도 안정된 생활이 가능하다고 생각하는 사람들이 있다. 물론, 연봉 5천만 원을 받아도 멀쩡하게 잘 살 수 있다. 하지만 연봉 5천만 원으로 충분하다고 생각해서 거기에서 만족해 버리면 상승 활력을 잃게 되지 않을까 우려되는 부분이 있다.

연봉 5천만 원으로 생활이 된다면, 그것으로 만족한다는 생각을 가지면, 외식하거나 여행을 가도 그 수입 범위 내에서 만족할 만한 것을 찾을 수밖에 없다. 또 거기에는 연봉을 1억에서 3억으로 끌어 올려서 한 단계 높은 서비스를 받고자 하는 발상 자체가 생길 여지가 없다.

다시 말해서 그런 사람은 자신의 능력을 발전시킬 기회를 스스로 포기해 버리는 것과 같다.

이 세상에 이런 종류의 쾌적함을 느끼면서 사는 사람들이 있다는 것을 피부로 느껴보지 않으면 일류에 대한 실감이 없을 수밖에 없으며, 그런 감각이 없으면 자신도 이런 서비스를 받기에 어울리는 사람이 되고자 하는 투지가 생기지 않는다. 따라서 무리를 해서라도 한 번쯤 일류 서비스를 경험해 보길 바란다.

지금의 현실에 만족해 버리면 그 사람은 영원히 그곳에서 벗어날 수 없다.

가장 손쉽게 할 수 있는 것은 일류 호텔에서 차를 마시는 것이다. 비즈니스 약속이나 기획서를 작성할 때 카페를 이용하는 사람은 가끔은 고급 호텔의 라운지를 이용해보자. 고급 호텔의 라운지를 평일 낮에 이용하는 사람의 대다수는 사회적으로 성공한 사람들이 많다. 그들에게서 느껴지는 아우라(aura)는 뭔가 다르다.

커피 가격은 무척 비싸다. 하지만 그런 사람들 틈에 둘러 싸여서 사람을 만나거나 노트북으로 일을 하면 자신도 그 사람들 대열에 들어가 있는 느낌을 받게 된다. 또 자신도 언젠가는 그들처럼 최고 경영인이 되어 그런 장소를 자주 이용하게 되기를 바라는 마음이 생겨 좋은 동기부여가 된다.

남을 위해서 돈을 쓰자

나도 남들로부터 엄청난 투자를 받고 있다

자기 자신이 최대의 투자 대상이라는 사실을 알고 있는 사람은 꽤 있다. 하지만 태어나서 지금까지 살아오면서 자신이 이미 어마어마한 투자를 받고 있다는 사실을 인식하고 있는 사람은 별로 없는 것 같다. 그렇다면 도대체 누가 어디서 일부러 당신이라는 사람을 투자 대상으로 선택한 것일까?

첫 번째로 부모가 그렇다. 식비와 주거비, 교육비 등 직접 드는 비용뿐만 아니라 육아로 소비한 시간과 에너지 모두를 돈으로 환산하면 여러분의 부모는 여러분이 성인이 될 때까지 엄청난 액수의 투자를 하고 있다.

그리고 투자인 이상 당연히 무언가의 대가를 요구한다. 그렇다면 여러분의 부모는 여러분에게 어떤 대가를 기대하고 투자를 한 것일까? 자신들의 노후를 책임지라는 것일까, 아니면 생활비를 지원해달라는 것일까?

그런 금전적인 면이 아니라, 상투적인 말이 될지 모르겠지만 여러분의 행복에 투자한 것이다. 자녀가 성장해서 자신의 인생을 열심히 살아가는 모습을 보는 것이 자녀 양육이라는 투자를 한 부모가 기대하는 보상일 것이다.

또 자녀로부터 배우는 것도 많고 자녀를 통해서 비로소 부모로서 성장하게 되는 것이다. 자녀와 함께 경험하는 기쁨이나 슬픔, 분노와 감사의 과정 모두가 부모에게는 보상이 되는 것이다.

또 초등학교와 중학교의 의무교육은 사회로부터 투자를 받는 것과 같다. 즉 국민의 세금을 사용해서 미래에 국가를 짊어지게 될 인재육성을 위해서 투자를 하는 것이다. 교육 연수나 기숙사 등의 시설과 제도도 그것을 뛰어넘는 보상을 기대하기 때문에 존재하는 것이다.

물론 부모나 회사 외에도 형제자매, 친구, 선배, 후배, 상사, 부하, 동료 등 다양한 사람들이 여러분에게 조언이나 서포트와 같은 형태로 과거, 또는 현재도 계속 투자를 하고 있다.

이렇게 수많은 사람으로부터 투자를 받아 지금의 여러분이 존재하는 것이다.

이렇게 생각하면 인생을 대충 살지는 못할 것이다.

'어차피 내 인생 내 멋대로 산다고 남들에게 피해를 주는 것도 아닌데 뭘 그래.'라는 생각을 한다면 피해 정도가 아니라 지금까지 자신을 믿고 투자해준 사람들에게 손해를 끼치는 일이라는 것을 부디 깨닫기 바란다.

투자에 대해서 기대치 이상의 보상으로 보답하는 것이 우리의 의무가 아닐까.

'배우고, 벌고, 갚는다.'

공부해서 자신의 가치를 높이고, 열심히 일해서 번 돈으로 사회에 환원하는 것이 우리가 지켜야 할 본분인 것이다.

남을 돈 벌게 해 주면 나도 돈을 번다.

돈 버는 일은 의외로 쉽다. 먼저 남을 돈 벌게 해 주면 된다. 가령 보수가 100만원의 일이라면 열심히 일해서 두 배인 200만원어치의 가치를 제공한다. 그러면 상대방은 100만원어치의 잉여이익을 얻었으므로 기대 이상의 성과라고 기뻐하면서 이 사람에게 다시 일을 맡긴다.

그런데 이 순서를 거꾸로 해서 나의 이득을 먼저 생각하면 돈은 나에게 돌아오지 않는다.

가령 처음부터 200만원어치의 일을 하겠으니 그 돈을 내라는 식으로 요구하면 상대방도 '비싼 돈을 내는 대신 그에 상응하는 일을 해 달라'는 식의 요구를 하게 된다. 그렇게 되면 갑자기 기대치가 높아진다. 또 일을 의뢰한 사람으로서는 완성도 높은 결과물을 당연하게 생각하게 되어 '이 돈을 받고 이렇게까지 해주었네!'라는 놀라움과 기쁨을 느끼지 못한다.

힘들게 상대방의 기대치에 부응하게 일을 잘 마무리하고도 '돈만 밝히는 사람'으로 낙인이 찍혀서 두 번 다시 일을 의뢰 받지 않게 될 수 있다.

이런 사례를 통해서도 알 수 있듯이 '돈에 집착 할수록 사람도 돈도 멀어진다.'는 말이 맞는 것 같다.

데이트할 때 식사를 하는 이유

남성이 여성에게 처음 데이트를 신청할 때 가장 많이 하는 말은 '함께 식사라도 하실래요?'가 아닐까 생각된다.

또 상대가 남성일 경우에는 첫 만남에서 말이 잘 통하면 헤어지면서 누가 먼저라 할 것 없이 '다음에는 술이라도 함께 하실래요?'와 같은 광경도 종종 볼 수 있다.

그것이 이성이든 동성이든, 그 사람과 조금 더 친밀해지고 싶다고 느낄 때는 맛있는 요리나 술을 함께하는 것이 효과적이라는 것을 누구나가 본능적으로 알고 있기 때문이다.

이것은 세계 만국이 공통이다. 실제로 음식과 술을 함께 하면 커뮤니케이션이 깊어지고 상대와의 거리도 좁혀진다.

회사에서 사용하는 '접대비'라는 말에는 왠지 떳떳하지 못해 뒤가 캥기는 느낌이 있어서 일부에서는 비즈니스에 필요하지 않다는 의견도 있다.

물론 그런 면도 없지 않지만, 식사와 술을 함께 잘 활용하면 비즈니스가 원활하게 진척될 수 있다. 따라서 조금 더 당당하게 '술 한 잔 합시다!'를 외쳐도 되지 않을까 생각한다.

그렇다면 함께 식사하면서 사이를 좀 더 돈독히 하고 싶은데 돈이 없는 경우에는 어떻게 하면 될까? 굳이 허세를 부리면서 비싼 음식점에 가지 않고 저렴한 곳에서 연출하는 방법이 있다. 의외로 간단하다. 왜 그 식당을 선택했는지 이유를 설명해 주면 고마움이 배가될 것이다.

"이 집은 여하튼 회가 최고로 맛있어요!"

"이 식당의 특제 요리만큼은 꼭 대접해 드리고 싶었어요!"

이렇게 말하면서, "이 식당에 모시고 온 것은 다 이유가 있어서랍니다."라는 말을 곁들이게 되면, 상대도 '뭐야, 이런 싸구려 식당에 날 데려오다니!'라는 생각은 하지 않을 것이다.

자신의 가치 기준에 돈을 쓰자

물건을 사기 전에 꼭 필요한지 따져보라

아무리 좋은 물건을 사더라도 사용하지 않으면 돈을 버리는 일이다. 한 번밖에 입지 않은 옷, 한 번 읽기만 하고 실천하지 않은 책, 몇 번 시도만 해 보다만 운동기구, 싫증 난 게임기나 장난감 등이 그렇다.

이렇게 되지 않기 위해서는 사기 전에 그 물건을 자신이 사용하고 있는 구체적인 모습을 상상해 보는 것이 좋다. 그것을 잘 사용하고 있는 내 모습, 가령, 태블릿 PC를 사고 싶다면 매일 갖고 다니면서 시간이 나면 카페에 들어가서 일하는 내 모습을 상상해 보는 것이다. 그러면, '외출할 때 작업하는 일은 없을 것 같기는 해', '나는 카페 같은 곳에 자주 안 가는 스타일인 걸'등의 생각에 미치게 된다. 그러면 태블릿 PC를 사더라도 나중에 먼지만 뒤집어쓰고 방치될 가능성이 크다.

이런 식으로 물건을 사기 전에 그 물건을 사용하는 자신의 모습을 상상해 보는 것을 습관화한다면, '반값 세일이라서 지금 안 사면 손해야'라는 생각으로 매장으로 달려가는 일은 하지 않게 된다. 설령 반값이라 해도 사용하지 않을 물건을 살 필요는 전혀 없다.

가격이 아니라 가치에 돈을 지불하라

물건을 살 때 중요한 것은 내가 치르는 돈에 합당한 가치가 그 물건이나 서비스에 담겨 있는지 하는 것이다. 즉 가격에서 가치를 추측하는 것이 아니라, 그 가치를 자신이 얼마라고 인정하는 것이다.

최근에 '미슐랭 가이드 도쿄'가 화제를 모으고 있는데, 별 3개를 받은 식당에서 가격이 비싸더라도 먹을 수만 있으면 감지덕지해야 하는 걸까? 꼭 그렇지 않다. 찾아보면 맛이나 질이 그에 못지않게 훌륭한데 평가 대상에 오르지 못한 식당도 많이 있다. 그런 식당은 대체로 가격이 저렴하다.

아카사카나 긴자에 있다고 해서 비싸고 맛있는가 하면 꼭 그렇지도 않다. 중요한 것은 가격표에 표시된 금액이 아니라 그것으로 인해 얻게 되는 이득이다. 가격에 '0'이 몇 개 붙는 가로 가치가 결정되는 것은 아니다.

가치와 가격의 차이를 이해하면 무전여행이나 호화 유랑도 얼마든지 즐길 수 있다. 이태리 소재의 고급 수트를 맵시 있게 차려입기도 하지만 중저가의 옷도 코디해서 멋있게 연출해 입을 수 있다. 로열 코펜하겐의 식기로 손님을 대접하면서도 '다이소'의 달인이 될 수도 있다.

이처럼 가격이 높고 낮음으로 판단하는 것이 아니라 자신의 가치관으로 판단할 수 있게 되면 자신의 선택에 자신감을 가질 수 있게 된다. 그러면 주변의 시선에 신경 쓸 필요가 없고 허세를 부리면서 돈 쓸 일도 없어진다.

가격이 비싸면 가치도 높다는 말은 꼭 들어맞는 것은 아니다. 이 세상에는 가치가 낮아도 가격이 높은 것, 가격이 싸도 가치가 높은 것이 얼마든지 있다. 브랜드 상품에만 의지하게 되면 물건을 판별하는 안목이 길러지지 않는다. 외관이나 프라이드에 지배 당하면 브랜드를 맹신해서 스스로가 물건의 가치를 꿰뚫어 볼 수 없는 체질로 변질한다.

사물의 진정한 가치를 안다는 것은 남들이 붙여놓은 가격과 비교하는 것이 아니라 자신이 인정하는 가치 즉 '자기 값어치'를 아는 일이다.

계획성과 자제력을 지녀라

부자들은 계획성과 자제력이 있어서 한때의 허영심이나 욕망 때문에 돈을 쓰지 않는다. 하지만 가난한 사람은 계획성이나 자제력이 없어서 허영심이나 욕망으로 필요 없는 것을 산다.

따라서 '장사는 돈 없는 사람 상대로 해야 돈을 번다.'라는 말이 생기는 것이다.

예를 들면, 대부업체는 지금처럼 엄격한 규제가 생기기 전에는 돈을 많이 버는 사업이었다. 왜냐하면, 돈에 대한 계획성이 없는 사람을 상대로 하는 장사이기 때문이다. 그런 사람이 많다 보니 돈을 너무 많이 빌려서 갚지 못하는 사람들이 속출하게 되었다. 따라서 정부도 계획을 바꾸어 강력히 규제하게 된 것이다.

같은 금액이라도 은행과 대부업체 사이에 대출 금리가 5% 이상의 차이가 난다는 사실을 그들은 알아차리지 못한다.

대부업체 광고에서는 '대출은 수입과 지출을 고려해 계획적으로 하세요!'라고 소리 높여 외치지만 원래 계획성 없는 사람들이 주로 대부업체를 찾기 때문에 그런 말이 귀에 들리지 않는다. 그들은 자신이 얼마나 벌고 있는지, 생활비가 얼마나 드는지, 얼마까지 돈을 쓰면 괜찮은지 모르고 있으며 귀찮아서 알려고도 하지 않는다. 매우 안타까운 일이다.

그리고 홈쇼핑이나 TV 속 광고를 보고 쉽게 물건을 산다. 책에서 읽은 성공법칙은 좀처럼 실천하지 않으면서 갖고 싶다고 생각하면 바로 구매 행동으로 옮긴다.

물건을 판매하는 측에서는 이토록 훌륭한 먹잇감은 달리 없을 것이다. 반대로 부유층을 상대로 하는 비즈니스는 무척 까다롭다. 왜냐하면, 그들은 계획성과 자제력을 두루 갖추고 있어서 기업의 뻔한 광고전략이나 마케팅 전략으로는 좀처럼 움직이지 않기 때문이다. 그들은 호화로운 팸플릿을 받거나 호화로운 응접실에서 비즈니스 상담을 해 주는 것만으로는 높은 수수료를 치를 필요성을 못 느끼기 때문이다.

자신이 무엇을 믿고 있고 어떤 가치에 돈을 쓰는지, 그리고 그 지출은 자신에게 무엇을 가져다주는지 등 계획성과 자제력을 가질 필요가 있다.

과소비 경향이 있는 사람은 신용카드 대신 현금으로 치르도록 하는 것은 어떨까? 카드로는 내 지갑에서 돈이 나가는 고통을 느끼지 못하기 때문에 자기도 모르게 과용하게 된다. 현금이라면 돈이 지갑에서 나가는 고통을 직접 느낄 수 있다. 카드사의 포인트에 현혹되지 마시길 바란다.

외관(外觀)에 투자하라

'일은 바빠 보이는 사람에게 의뢰하라'는 말이 있듯이 돈도 마찬가지다. 따라서 설령 돈이 없어도 많이 가진 것처럼 연출하고, 돈을 많이 벌었다는 인상을 줄 수 있게 연출하는 것도 중요하다.

'사람은 마음이 중요하다'고 하면서도 사람의 인상은 상당 부분 외모에 의해 좌우되는 경향이 있다.

가령 여러분이라면 잔뜩 구겨진 양복을 입은 경영 컨설턴트에게 컨설팅 업무를 의뢰하겠는가? 또 돈을 벌게 생기지 않은 사람에게 일을 발주하고 싶다고 생각하겠는가?

`필자의 지인인 부동산 회사 사장은 최근에 벤츠 S클래스를 새로 구매했다. 물론 작금의 부동산 불경기로 주머니 사정은 썩 좋지 않았는데도 오히려 당당한 위세가 느껴졌다. 그렇게 해서 그는 200억 원의 오피스 빌딩 물건을 손에 넣어서 1억 5천만 원의 벤츠 구입비를 충분히 회수했다. 허세를 부리라는 것은 결코 아니다. 자신에 아낌없이 투자 할때는 투자를 해야한다.

예전에 한 선배 경영인으로부터 이런 이야기를 들은 적이 있다.

"나는 지금까지 성공한 사람들을 수없이 보아왔네. 고급 양복을 입은 사람은 그 양복에 어울리는 사람이 되어서 점점 더 성공 가도를 달리더군. 그런데 양복에 투자할 돈을 아껴서 기성품을 사서 입고 잔뜩 구겨진 채로 오는 사람 중에 성공하는 사람은 드물어. 옷감은 물론이고 양복 깃의 형태, 단추가 어떻게 달려 있는지까지 아는 사람에게는 한눈에 그 차이를 알아볼 수 있다네. 외관에 신경을 쓰는 사람의 양복은 보기에는 수수해 보여도, '이 사람 멋진데?'라는 생각이 들게 만들어. 기발한 모습을 연출하는 것만이 개성은 아니야. 같은 환경 속에서도 얼마나 반짝반짝 빛나는 모습을 보여 주는지가 개성이지."

그 말을 듣고 필자는 단순하게도 바로 달려가서 이태리 직수입 옷감으로 만든 오더메이드 수트를 여러 벌 주문했다. 그랬더니 정말 놀라운 일이 벌어졌다!

그 양복을 입으니 마음이 긴장되고 기발한 발상이 떠오르는가 하면 마음에 여유까지 생긴 것이다. 비즈니스 상담에서도 당당하게 조건을 제시할 수 있었다. 파티에서도 행동에 훨씬 여유가 생겼고 식당에 가도 다른 손님보다 더 정중한 대접을 받게 되었다.

예전에 건강식품 통신판매 회사 콜센터 직원들에게 흰 유니폼을 착용 시켰더니 전화기 저편의 상대방이 보이지 않음에도 불구하고 설득력 있는 대응으로 구매율이 올랐다는 이야기를 들은 적이 있다.

아무래도 옷에는 의복 이상의 시너지 효과도 있는 것 같다.

5장_돈을 잘 버는 재능

1. 이 세상에 혼자 내팽개쳐져도 돈 버는 능력만 있으면 된다
2. 불황기에 창업하라
3. 앞으로 돈을 버는 사람에게 필요한 능력은 무엇인가?
4. 자신을 한 단계 더 성장시키기 위해서 해야 할 일

이 세상에 혼자 내팽개쳐져도 돈 버는 능력만 있으면 된다

모아놓은 돈이 없어도 아무 문제없다.

현재 모아놓은 돈이 한 푼도 없다고 한탄하는 사람이 있을 것이다. 또 연봉이 낮다고 비관하는 사람도 있을 것이다. 하지만 전혀 걱정할 필요는 없다. 중요한 것은 '돈을 계속 버는 능력'이기 때문에 지금 저금이 없어도 연봉이 낮아져도 앞으로 늘려가면 되는 것이다. 시대(불경기), 장소(도시 · 지방 · 해외), 환경(인맥 · 자금 · 시간)에 상관없이 돈 버는 능력을 지닐 수 있다는 것, 그 자신감이 정신적 여유와 진정한 안정감을 준다. 언제 어디서든 돈을 벌 수 있다는 자신감은 세상이 아무리 혼란해도 휩쓸리지 않고 누구에게도 방해받지 않고 살아갈 힘을 준다. 즉 자기답게 산다는 것은 돈 버는 능력을 지니는 일이다.

혼자서도 벌 수 있다는 자신감을 갖자

필자가 생각하는 안정감의 정의는, '집도 돈도 친구도 없이 세상에 혼자 내팽개쳐져도 3년 안에 10억을 벌 수 있는 능력'이다.

진정한 안정감은 회사에 정규직 사원으로 취직하거나 승진하는 것, 또는 고액의 자산을 통해 얻어지는 것이 아니다. 고액 연봉자라도 당장 내일 어떻게 될지 알 수 없으며 저축해 놓은 돈이 아무리 많아도 그 돈을 계속 까먹고 사는 생활은 불안과의 싸움이 될 수밖에 없다.

혼자서 돈을 벌 능력이 없으면 회사에 의지할 수밖에 없다. 회사에서 살아남기 위해 온갖 자격증과 MBA 등 더 나은 스펙을 가진 직원이 되려고 애쓰는 것이 현재 우리 모습이다. 하지만 그 회사마저도 앞으로 어떻게 될지 알 수 없다.

돈을 벌 자신이 없으면 누군가에게 우산을 빌려야 한다. 또 끊임없이 세상의 변화에 대응해 나가야 한다. 하지만 이것으로는 결코 자유를 얻지 못하며 불안정한 상태에서 벗어날 수 없다.

일하는 것이 인생을 풍요롭게 만든다

필자의 지인 중에 20대에 설립한 회사가 대박이 났고, 30대에는 그 회사를 매각해서 단번에 수백억을 손에 쥔 사람이 있다.

그는 '드디어 돈 걱정에서 해방이 되었다!'고 생각해서 하와이로 이주해서 서핑과 골프 삼매경에 빠져 은퇴의 삶을 즐겼다. 하지만 그는 결국 1년도 되지 않아 다시 일본으로 돌아와 새로운 회사를 설립해서 다시 바쁜 생활로 돌아오고 말았다.

자신이 이상적으로 생각했던 삶을 손에 넣었는데도 왜 은퇴 생활을 청산하고 다시 돌아오게 되었을까? 그는 다음과 같이 말했다.

> "노는 것은 결국 놀이에 지나지 않아요. 골프와 서핑도 프로를 목표로 하는 게 아니라서 언젠가는 싫증이 나게 되어있어요. 취미나 오락은 결코 인생의 큰 기둥이 될 수 없어요. 매일 뛰어야 하는 일이 있기에 비로소 주말을 충실하게 보낼 수 있고, 평소에 바쁘게 일하기에 취미나 오락을 진정으로 즐길 수 있다는 사실을 깨달았어요. 게다가 사람들을 만나고 사람들에게 도움이 되는 활동을 하지 않는다는 것이 얼마나 소외감과 부족함을 느끼게 하는지를 절실히 깨달았어요."

그가 한 이 말 속에 삶의 의미에 대한 중요한 요소가 응축되어 있다.

우리는 일을 통해 사회와 관계를 맺으면서, 나를 사회가 필요로 한다는 것을 느낄 때 비로소 인생을 충만하게 살고 있다는 만족감을 느끼게 되는 것이다.

젊어서 돈을 많이 벌어 조기 은퇴한 사람이 정년까지 일하는 사람보다 일찍 죽는 경향이 있다는 이야기를 들은 적이 있다. 이런 이야기를 듣게 되면 인간이란 역시 자신에게 주어진 어떤 역할, 즉 '일'이 있어야 인생의 보람을 느낄 수 있는 것 아닌가 생각해보게 된다.

'자격증'이라는 이름의 함정

이제 공적(公的) 자격증이라는 것이 통용되지 않는 시대가 올지도 모른다. 왜냐하면, 실제로 돈 버는 데 쓰이지 않은 자격증이 엄청난 기세로 늘고 있는 느낌이 개인적으로 들기 때문이다. 자격증의 치명적인 문제는 다음과 같다.

- **문제가 주어진다**
- **정답이 있다**
- **암기 중심이다**
- **돈 버는 방법을 배울 수 없다**

이것만으로는 현대 비즈니스에서 필요한 필수 능력을 갖출 수 없다. 전문학원에 가면 텍스트를 받아서 포인트를 배우고 모의고사를 치르는 등의 모든 커리큘럼이 갖추어져 있다. 그러면 그것들을 효율적으로 암기해서 답안 작성 능력을 연마할 뿐이다.

하지만 실제 비즈니스 현장에서는 아무것도 주어지는 것이 없다. 백지상태에서 '과제를 설정'하고 정답보다는 '최적의 옵션'을 도출해 내며, '연구'하고 '연구한 것을 상품화'해서 '돈 버는 구조를 만드는 능력'이 요구되는 것이다.

'우선 자격증부터 따고 보자'라고 생각한다면 엄청난 시간과 노력을 허비하게 될 수도 있다. 따라서 먼저 '어떻게 돈을 벌 것인가'에 대한 시나리오를 생각한 후에 시작할 필요가 있다.

앞으로는 자격증은 승진이나 이직에 별로 도움이 되지 않을 것이다. 가난한 변호사 · 공인 회계사 ·변리사 사업자가 무수히 많은 것을 보면 확실해지듯이 창업에도 별 도움이 되지 않는다.

이것은 필자가 오래전에 취득한 일본상공회의소 부기 검정 1급 자격증과 미국공인회계사 자격증을 통해서 배운 교훈이기도 하다.

'두뇌소득'의 시대가 온다

연봉 3천만 원을 받는 사람과 연봉 3억 원을 받는 사람의 차이는 '사고방식'의 차이라고 앞에서 언급한 적이 있다.

머리를 써서 생각하고 부가가치가 높은 아웃풋을 내면 시급 8천 원이 아니라 시급 50만 원을 벌 수 있게 된다. 남을 움직이는 조직을 만들면 자신이 일하지 않아도 남들이 벌어준다.

자신이 시스템 안으로 들어가면 시스템에 맞춰서 움직일 수밖에 없다. 하지만 시스템을 만들어서 그것을 통제하게 되면 시스템이 돈을 벌어주므로 자신은 자유로워진다.

생각하는 힘을 통해 창출되는 수입을 필자는 '두뇌소득'이라고 부르는데, 앞으로는 이 '두뇌소득'의 시대가 올 것이다.

책을 읽고 막연히 알 것 같은 느낌에서 그치지 않고 책을 통해 습득한 지식을 얼마나 잘 활용하는지가 중요해지는 것이다. 이미 발생한 문제에 쫓기는 것이 아니라 적극적으로 과제를 발견하고 책이나 인터넷 속에 존재하지 않는 답을 도출해 낸다.

그것을 상품화해서 돈을 치르게 만드는 시스템으로 구현시킨다. 이 일련의 반복을 통해서 나오는 성과가 요구되는 사회가 곧 다가올 것이다.

'저축에서 투자'로, '투자에서 창업'으로 바뀌어야 한다

몇 년 전 불경기로 인해 대기업과 외국계 기업의 수많은 인재들이 대거 일자리를 잃었다.

물론 우수한 인재들이기에 재취업에 성공한 사람도 있지만, 기업을 믿지 않게 된 일부 엘리트 인재들의 새로운 움직임이 시작되었다. 그것이 창업의 증가로 이어졌다. 필자 주변에도 창업한 사람과 창업을 준비 중인 사람이 확실히 늘었다.

경기가 불황일수록 기회가 많다. 첫째로 점포나 사무실의 임대료가 크게 하락하기 때문에 싼 임대료로 사무실을 빌릴 수 있다. 점포의 경우 가구나 인테리어 등의 부대시설이 따라오는 경우가 있어 개점 비용을 많이 줄일 수 있다. 실제로 필자의 친구 중에도 회사에 다니면서 음식점을 경영하는 사람이 몇 명 있다.

두 번째로는 인재를 확보할 수 있다는 점이다. 경기가 좋을 때는 인재들이 유명 대기업에 취업하지만, 취직난으로 사람들이 넘쳐나면 중소 영세기업에서도 우수한 신입사원이나 경력사원을 채용할 수 있게 된다.

세 번째는 광고비가 극적으로 내린다. 광고회사도 줄고 광고를 하려는 회사도 줄어서 예전에는 상상도 못 할 금액으로 광고를 할 수 있다. 비용 면에서 불황은 오히려 창업의 기회가 될 수 있으며,

매출 면에서는 불황기에도 팔리는 비즈니스 모델을 만들어 놓으면 경기가 좋아졌을 때 크게 수확할 기회가 될 수 있다.

어떻든, '저축에서 투자'로 전환하고, 정년까지 일하는 것이 불안정하다고 느끼는 사람은 '투자에서 창업'으로 가는 방식이 더 현실적일 수 있다.

불황기의 트레이닝이 이후에 영향을 준다

프로 야구 선수가 다음 시즌에 좋은 성적을 거둘 수 있을지의 여부는 개막 전까지의 연습량에 달려있다.

시합은 TV나 뉴스에서 보도하므로 화려한 활약상을 눈으로 확인할 수 있다. 하지만 시즌 오프 중의 개인 연습은 캠프 중일 때 이외에는 거의 방영되지 않으므로 아무에게도 보이지 않는다. 바로 여기에 성장의 비밀이 숨겨져 있는 것이 아닐까 생각된다.

즉 대부분의 노력은 고독하고, 남들이 보고 있지 않은 곳에서 이루어진다는 사실이다.

그리고 중요한 것은 다른 사람이 기울이는 노력의 정도가 자신에게는 보이지 않는다는 점이다. 가령 자신은 백 번을 하면서 노력하고 있다고 생각 하는데, 다른 사람은 천 번이나 만 번을 하고 있을지도 모른다.

이는 야구 선수에 국한되는 일이 아니다. 우리도 불경기에 무엇을 어떻게 대비하고 얼마나 철저히 준비하는가에 따라서 앞으로 오게 될 경기 회복기에 수익률의 차이를 크게 벌 일 수 있다.

오늘날의 분위기는 편한 것을 좋아하고 귀찮은 것을 싫어하며 다소 게으름을 피워도 괜찮다는 분위기가 대세다. 이러한 현상이 '워라벨'과 '야근 거부'를 외치는 분위기로 이어진다.

이런 것들이 정부나 기업경영자에게는 괜찮은지 모르겠지만 우리 개인에게 과연 좋은 일인지 의구심이 든다.

한 예로 일본의 '유토리 교육(ゆとり 教育, 개성과 여유 있는 교육을 목표로 제창된 전인교육(全人教育) 정책으로 2002년부터 2010년까지 실시됨_역주)' 도입이 결국 학생들의 학력 저하로 이어져 실패한 교육 개혁이 되어버린 것처럼 우려되는 점이 없지 않다.

하지만 이것이 오히려 기회가 될 수 있다. 모두가 여유를 추구하는 불황기에 누구보다도 더 열심히 일하고 스스로 일을 만들어 내며, 능력에 자신이 없으면 시간의 길이로 커버한다. 필자 역시 능력이 모자라는 부분만큼을 그런 방식으로 보충해 왔고 지금도 그렇게 하고 있다. 그렇게 해서 양(量)을 질(質)로 전환한다.

그러고 보니 필자 주변의 성공한 경영자들은 잠도 못 자고 휴식도 취할 수 없는 아수라장을 헤쳐 온 사람들로 가득하다.

노마드(nomad) 스타일의 프리랜서가 활약하는 시대가 온다

'노마드' 스타일란 이코노미스트 지(誌)에서 제창한, 일하는 스타일을 말하는 것으로 번역하면 '유목민'이란 뜻인데, 최신 IT 툴로 무장한 프리랜서를 지칭하는 말이다.

즉 업무를 위한 사무공간과 경영 지원 없이 프리랜서의 지위를 유지하면서 기술 발전을 통해 언제 어디서나 일할 수 있는 것을 말한다.

앞으로 돈을 버는 사람에게 필요한 능력은 무엇인가?

슈퍼제너럴리스트(super-generalist)**의 시대가 온다**

버블 경제 붕괴 이후에는 그때까지 주목받던 제너럴리스트(generalist, 모든 분야에 대하여 상당한 지식과 경험을 가진 사람)가 더는 주목을 받지 않게 되면서 스페셜리스트(specialist, 고도의 전문적인 지식을 갖춘 전문가)가 각광 받게 되었다. 하지만 앞으로는 직접 비즈니스 모델의 모든 것을 구축해서 돈을 버는 이른바 슈퍼제너럴리스트 능력이 요구되는 시대가 오게 될 것이다. 즉 마케팅과 세일즈를 비롯해서 기획이나 카피 제작, 인재 모집과 육성 등의 멀티 롤(multi roll, 복수의 역할)을 자유자재로 구사하는 인재를 말한다.

단일 스킬만으로는 웬 만큼 전문성이 높거나 장차 수요가 예측

되는 분야가 아니면 뒤처지는 리스크를 안고 있다. 한 시대를 풍미한 희대의 음악 프로듀서로 유명한 코무로 테츠야(小室哲哉) 씨조차도 그 리스크를 피해갈 수 없었다고 토로할 정도다.

멀티플 인텔리전스(multiple-intelligence)란?

앞으로는 한가지 스킬만으로는 살아남기 힘들다. 금융에 대해서 잘 아는 사람, IT에 정통한 사람처럼 단일 스킬로 뛰어난 사람은 넘치도록 많기 때문이다. 그런 사람들과 경쟁 한다고 가정해보자. 가령 영어의 경우, 아무리 영어를 잘 해도 해외에서 살다 온 교포나 유학파에게는 당하지 못하며 그 위로 올라가면 또 그 위로 끝이 없다.

그렇다면 '온리 원(only one)'을 목표로 하는 것은 어떨까?

온리 원이라는 것은 자신이 그 세계의 제1인자이기 때문에 그 분야의 '넘버 원'인 것이다. 그렇다고는 하나 아무도 손대지 않는 분야가 그렇게 널려있는 것이 아니다. 따라서 자신 있는 복수의 특기 분야를 조합해서 다른 사람에게 없는 차별화를 시도하는 것이다. 가령 금융과 IT를 어느 정도 알고 있고 영어도 어느 정도 한다면 어떨까?

영어만 할 수 있다면 통역으로는 가능하지만 어려운 교섭이나 매니지먼트를 맡길 수는 없다. IT밖에 알지 못하면 해외 기술자와의 공동개발에 관여할 기회가 돌아오지 않는다.

하지만 최근 들어서 복수의 분야가 가능한 사람이 활약할 수 있는 범위가 급격히 늘고 있다. 영어 능력으로는 해외파를 능가할 수 없지만, 금융과 IT 스킬을 함께 갖추고 있는 사람은 그리 많지 않기 때문이다.

영어 구사 능력이 좋다면 법률과 테크놀로지를 함께 마스터하면 특기인 영어가 더욱 빛을 발할 수 있다. 영업에 뛰어난 실력을 갖추고 있다면 마케팅과 파이넌스를 마스터함으로써 특기인 영업을 더욱 잘 살릴 수 있다는 말이다.

이것은 종래의 스페셜리스트나 제네럴리스트와도 차별된다. 즉 복수의 스페셜 영역을 지니면서 전체를 위에서 컨트롤하면서 더불어 매니지먼트도 할 수 있는, 멀티 지성과 재능을 지닌 인재를 말한다.

앞으로의 사회에서는 스킬과 스킬을 이어주는 이른바 '멀티플 인텔리전스(multiple intelligence)'가 요구될 것이다.

한 가지 스킬을 철저히 마스터하라

우선은 한가지 스킬을 철저하게 추구해서 어중간한 수준에 만족하지 않고 그 분야의 최고를 목표로 삼도록 하자. 그렇게 되면 무엇보다도 '자신감'을 갖게 되고 감성이 단련되어 높은 통찰력을 지니게 된다.

가령 서예의 달인은 다른 사람의 작품을 보고 '이 부분에서 힘이 좀 빠졌구나' 라는 것을 알아차릴 수 있고, 장기(將棋)의 달인은 다른 사람의 대국을 보고, '이 한 수는 굉장한 도전이 되겠는걸?' 과 같은 것을 알 수 있다.

즉 어느 한 분야에서 최고 수준에 도달하면 보통 사람에게는 보이지 않는 가치가 보이게 된다. 그것을 우리는 '감성' 또는 '센스' 라고 부른다.

주변 분야를 확장시켜라

한 가지 분야에서 일정 수준에 도달하면 비슷한 다른 분야의 지식도 쉽게 흡수해서 성과를 내게 된다.

커뮤니케이션의 본질은 변하지 않기 때문에 글을 잘 쓰는 사람은 회화 기술이나 프레젠테이션, 토론이나 퍼실리테이션(facilitation, 구성원들의 상호작용을 촉진하여 목적 달성을 돕는 활동)을 조금만 학습하면 금방 숙달된다.

해당 지식이나 경험의 깊이가 있어서 다른 것에도 응용이 가능한 것이다. 예를 들면, 세일즈맨으로서 실적을 쌓으면 '프레젠테이션'이나 '마케팅', 나아가 '교섭'으로 까지 확장시킬 수 있다. 시스템 엔지니어라면 '로지컬 씽킹'이나 '프로젝트 매니지먼트', '퍼실리테이션' 등으로 확장 시켜나갈 수 있다.

그렇게 해서 자신의 특기 영역을 확장 시켜 나간다면 그것이 멀티플 인텔리전스로 이어지게 되는 것이다.

◆한가지 스킬을 철저히 마스터하면 주변 분야에 응용할 수 있다

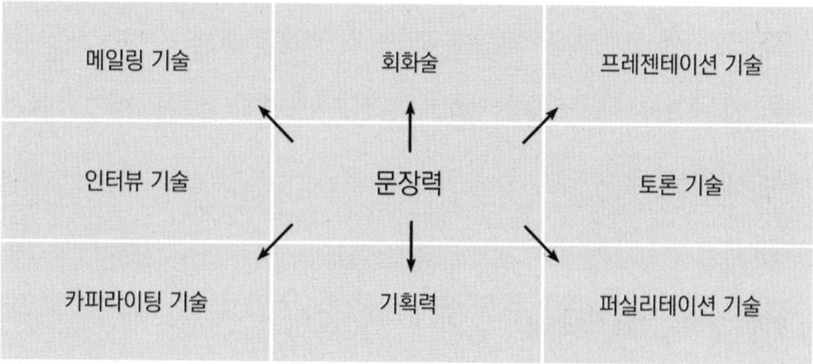

'교양'에 대한 새로운 정의가 필요하다

교양을 몸에 지니기 위해서는 고전문학을 읽는 것이 중요하다는 것이 지금까지의 통념이었다. 오랜 세월에 걸쳐 수많은 사람에게 읽혀 온 명작이기 때문에 도움이 되는 부분이 있기 때문이다.

하지만 모든 것이 급변하는 오늘날, 비즈니스맨에게 현재 혹은 차세대에 필요로 하는 '교양'이 무엇인지에 대한 정의가 다시 수립 되어야 할 필요성이 있는 것 같다.

필자는 업무상 해외, 특히 중국과 한국, 싱가포르, 미국 등의 비즈니스맨들과 교류할 기회가 많은데, 최근 수년간 제일선에서 일하는 그들과 이야기를 나누면서 나오는 화제는 주로 다음과 같은 것들이다,

"환경문제와 그 대책에 대해서 어떻게 생각하는가?"
"각 나라의 에너지 정책에 대해서 어떻게 생각하는가?"
"20년 후의 기축통화(基軸通貨)는 '유로'가 될 것인가?"
"미국의 경제정책을 어떻게 평가하는가?"

이러한 질문들에 대해 의견을 묻는 경우가 많았다. 이러한 상황에서는 남에게 들은 말이 아닌 자신의 의견을 낼 수 없으면 무시당하기 일쑤이고 대화 속으로 깊이 들어갈 수도 없다.

영화 이야기는 가끔 나오지만 그림이나 클래식 음악, 고전문학 등의 이야기는 거의 나오지 않는다. 그런가 하면, "스티브 잡스의 스피치 중에서 그 대목(물론 영어로) 멋있지 않아요?"처럼 유튜브

를 안 보면 따라가지 못하는 화제도 종종 등장한다.

그들은 도스토옙스키와 가와바타 야스나리(川端康成) 등은 읽지 않았을 터이므로 가령 자신이 읽었다 하더라도 공통화제가 될 수 없다. 일본인 동년배나 연하의 경영인과의 교류 기회도 많은데 그 때도 문학보다는 '건담'이나 '슬램덩크'와 같은 만화가 공통화제가 되기도 한다.

물론 필자가 주로 만나는 사람들은 3, 40대 비즈니스맨이기 때문에 편향된 면도 없지 않다. 하지만 분명히 그들에게 요구되는 '교양'이 변하고 있다는 것을 느낀다.

앞으로의 교양이란, 환경문제나 에너지 · 식량 문제는 물론 빈곤이나 질병, 교육 등 세계 공통의 사회 · 정치 · 경제에 관한 주요 토픽에 대해서 자기 나름의 생각을 가진다는 것이 아닐까 하는 생각이 든다.

앞으로 세계를 이끌어가는 것은 하이레벨의 아시아인들이다

국민 1인당 GNP로는 일본이 이미 싱가포르에 뒤지고 있지만 언젠가는 한국과 대만, 중국과 인도에도 따라잡히게 될 기세다.

그렇게 되면 어떤 일이 일어날까? 자신의 상사가 중국인이나 한국인이 되고, 일본 기업은 그들의 하청업체로 일하는 날이 올 수도 있다는 것이다.

이것은 각 나라의 교육에 대한 자세 차이에 근거가 있다. 우선, 경제적으로 썩 좋지는 않아도 미국의 대학은 교육 수준으로는 세계 최고다. 그리고 그것을 바짝 추격하고 있는 것이 중국과 한국의 일류대학교들이다. 또 인도도 기술교육에 힘을 쏟고 있다. 인도 공과대학은 아시아에서도 유수의 교육 수준을 자랑하고 있으며 미국에 유학하는 사람도 많고 세계로 인맥을 넓혀가고 있다.

그런데 일본의 대학은 글로벌 비즈니스에 통용되는 인재육성 면에서는 크게 뒤처져 있다. 공부하지 않는 나라는 공부하는 나라에 경제적 지배권을 빼앗기게 된다. 야근 거부나 워라벨 따위를 외치고 있는 일본인은 언젠가는 바다 저편 사람들에게 일을 빼앗기게 될지도 모른다.

채용 면접에서 국적은 더는 의미가 없어지고 하이레벨의 아시아인들의 이력서와 비교 당하게 될 것이다.

배우지 않는 사람은 배우는 사람에게 고용 당한다. 일을 만들어내지 않는 사람은 일을 만든 사람의 일을 해야 한다. 이것이 현재 전 세계에서 일어나고 있는 현재상황이다.

자신을 한 단계 더 성장시키기 위해서 해야 할 일

스킬과 비즈니스에 마케팅을 도입하라

어떤 일이라도 수요가 없는 곳에서는 돈을 벌 수 없다. 스킬 면에서도 마찬가지다.

가령 MBA를 취득했어도 MBA 인재를 필요로 하는 수요가 없으면 보물을 갖고도 썩히는 꼴이 되고 만다. 그렇다면 앞으로 MBA의 수요는 큰 폭으로 증가할까?

미국에서는 학자금 대출을 받아서 MBA를 취득했음에도 불구하고 생각만큼 수입이 늘지 않고 학자금 대출 변제로 생활이 어려워져서 오히려 더 힘들어지는 경우가 많다고 한다. 그렇다면 도대체 무엇을 위한 MBA인지 알 수 없게 된다.

창업할 때는 좋아하는 일을 해야 한다. 일을 좋아한다는 것은 차별화를 위한 필수조건이기 때문이다.

하지만 거기에 시장이 존재하지 않는다면 아무 의미가 없다. 자신만의 캐릭터가 없는데도 서둘러 창업을 하는 사람은 초기 투자나 재고 리스크가 없는 코칭이나 경영 컨설턴트와 같은 경쟁이 심한 시장에 참여한다. 하지만 특출난 차별화 분야나 독자적인 스킬이 없으면 덤핑으로 후려쳐서 힘은 힘대로 들고 소득이 없는, 이른바 가난을 향해 돌진할 위험성이 있다.

그 순간 현실을 직시해서 재빨리 방향전환을 하면 그나마 다행인데, 그대로 미적대다가 나이만 먹고는 결국 '워킹푸어 자영업자'로 전락하는 사람이 적지 않다.

따라서 무의미한 노력이 되지 않도록 10년 후에는 어떤 사회가 다가올 것인지, 또 어떤 인재가 요구되는지, 그것을 위해서는 무엇을 해야 하는지 등의 마케팅 적인 발상으로 학습 분야를 고려할 필요가 있다.

매일 아침 신문을 읽는 것이 차별화로 이어질까?

만약 경기가 악화하면 여러분의 상황과 수입은 어떻게 될까? 만약 지금 다니는 회사가 없어져도 여러분은 지금 이상의 수입을 얻는 방법을 생각해낼 수 있을까?

불안정한 상태가 될 것으로 생각하는 사람은 남들과의 차별화 능력이나 방법론을 갖고 있지 않다는 얘기가 된다. 남들과 차별화가 되어있지 않으면 자신의 수입이나 생활이 경기(景氣)에 좌우되는 불안정한 신분을 유지한 채로 사는 것이다.

하지만 '남들과 다른 무언가'를 창출해낼 능력이 있는 사람은 경기나 국가의 동향에 좌우되지 않고 안정적으로 높은 보수를 계속 받을 수 있다.

그렇기에 '무엇을 하면 차별화로 이어질까'를 생각해서 그 시점에서 자신의 행동을 최적화시킬 필요가 있다. 그때 우리가 해야 할 일은 무엇일까?

TV를 보는 것일까, 매일 아침 신문을 읽는 것일까, 그것도 아니면 자격취득이나 MBA 공부를 하는 것일까?

보통의 사람들은 '차별화가 중요해'라고 말하면서도 무의식중에 누구나 입수할 수 있는 정보 수집에 시간을 보내고 있다. 냉정하게 말하면 이는 차별화 전략에 역행하는 일이다.

"남들이 다 알고 있는 것을 알아두지 않으면 격차가 더 벌어져요."라고 말할지 모른다. 하지만 하루는 24시간이다. 자신의 인생 80년을 최대의 행복을 향해 전진시키기 위해서는 차별화가 되지 않는 것은 과감하게 버리는 용기도 필요하다.

'내 돈을 버는 능력' 키우기

기본적으로 어느 한 시기는 앞뒤 재지 않고 일에만 몰두할 것을 추천한다. 동시에 생각을 멈추지 않고 '생각하며 일하는 것'도 강력하게 권한다.

왜 앞뒤 재지 않고 일에만 몰두할 필요가 있는 것일까?

그 이유는 짧은 기간에, 단번에 최고 수준까지 올라감으로써 얻을 수 있는 것이 월등하게 다르기 때문이다. 대량의 경험치를 축적하면 직감이라 불리는 판단 기준이 생긴다. 이처럼 통달 능력이 생기면 새로운 환경에 대응하는 힘이 생기고 두려움이 사라져서 환경 변화에 대응하기가 쉬워진다.

또 앞뒤 재지 않고 몰두한다는 것은 매사에 철저함을 기하는 것이기도 하므로 인내심과 숙고(熟考)하는 지적 체력이 길러진다. 나아가 밀도 높게 몰두함으로써 과제를 재빨리 추출할 수 있으므로 계속할지 어떨지, 혹은 독립하는 것이 좋을지 제휴하는 편이 나을지, 어떻게 하면 구조화 시켜서 내가 손을 떼도 돌아갈 수 있게 만들지 등 다음 전개의 방향성을 재빨리 도출해 낼 수 있기 때문이다.

그렇다고 해서 회사 일에 매몰 되어서 바쁘게 하루하루를 보내기만 한다면, 문득 정신을 차렸을 때 회사의 부침과 자신이 일체가 되어서 회사에 의존할 수밖에 없는 상황이 될 수 있다.

그래서 컨베이어 시스템, 시키는 일만 하는 등의 사고 정지 상태에서 벗어나 전략적으로 '내 돈을 버는 능력'을 기르는 업무 방식을 정립할 필요가 있다.

그것은 고객을 창조하는 기술, 자신의 발상과 자신이 지닌 자원을 상품화 시키는 기술, 그리고 자신의 노동시간에 의존하지 않고 계속 돈을 버는 시스템을 만드는 기술을 취득하는 것이다.

예전에 어떤 경영인으로부터 다음과 같은 말을 들은 적이 있다.

"샐러리맨이란, 스스로 고객을 창조하지 못하는 사람이나 자기 손으로 돈을 벌지 못하는 사람이 선택하는 직업이다."

자신에게 맞는 수익 모델 찾기

투자에는 인컴게인(income gain, 배당수입)과 캐피탈게인(capital gain, 자본이익)이 있는데 먼저 자신이 하고 있는 일, 또는 앞으로 하려고 하는 일이 인컴게인 타입인지 캐피탈게인 타입인지를 생각해보는 것이 좋다.

여기에서 말하는 인컴게인 타입은 이른바 경작형(耕作型)이라는 의미에서 회당(回當) 매출은 작아도 시스템화에 의해서 계속 돈이 들어오는 모델이다.

전력회사나 서버 호스팅 회사는 전형적인 인컴게인 타입으로 회당 매출은 월 3만 원부터 10만 원 정도로 적지만 많은 수의 고객을 모으게 되면 수입의 안정화를 꾀할 수 있다.

개인 사업의 경우에도 고문(顧問) 계약이 체결되는 업종이라면 고문의 대상 고객의 숫자를 늘리면 수입이 안정되고 회원 상대 비즈니스와 프랜차이즈 비즈니스도 마찬가지다.

이런 타입은 경기에 크게 좌우되는 일 없이 어느 한계점(threshold)을 넘기면 수익원이 탄탄해져서 반석이 되는 특징을 갖고 있다. 불황이라고 해서 전기를 사용하지 않거나 홈페이지를 폐쇄하거나 하는 일은 생기지 않기 때문이다.

하지만 전자인 전력회사 같은 곳은 설비 투자 등에 자금과 자금조달 능력이 필요하고, 후자인 개인 사업에서는 유력 콘텐츠나 차별화된 스킬이 없으면 수입은 구멍가게 수준이 될 수밖에 없다.

한편, 캐피탈게인은 이른바 수렵형(狩獵型)으로 회당 매출은 폭발적으로 크지만 항상 고객을 개척해 나가야 하는 숙명을 지니고 있다. 가령 인재 소개업(헤드헌터)이나 부동산 매매 등이 그렇다. 인재 소개는 연봉의 30%~35% 정도의 수수료를 받기 때문에 연봉 1억의 이직자(移職者)를 취업에 성공시키면 3,000~5,000만 원이 들어온다. 부동산 매매를 통해서도 2억 원짜리 아파트를 팔면 3,000만 원에서 5,000만 원의 수익이 들어온다.

전자는 설비 투자나 자금이 필요하지 않고 후자도 판매 대행이라면 자금이 전혀 들지 않는다. 하지만 죽기 살기로 일하지 않으면 살아남기 힘든 것이 오히려 이 타입이며 시도 때도 없이 매달려야 하는 이른바 막일 계통이 되기 쉽다. 또 경기에 좌우되기 쉬운 특징을 갖고 있으며 경기 불황으로 제일 먼저 타격을 받는 것이 이런 업종이다.

여기서 말하고 싶은 것은 어느 쪽이 좋은지 나쁜지의 문제가 아니다. 지금 자신은 어느 쪽에 서 있으며 앞으로 어느 방향을 목표로 하고 싶은지를 생각해 보라는 것이다. 그러면 어떤 비즈니스에 참여해야 할지, 혹은 하지 않는 편이 좋을지, 만약 참여하게 된다면 어떤 수익 모델을 만들어야 할지를 알게 될 것이다.

개인 명함으로 승부를 거는 훈련을 쌓는다

왜 경영인이나 비즈니스맨이 바쁜 틈을 쪼개서 타업종과의 교류 모임에 참석할까? 특별히 친구가 필요해서가 아니라 비즈니스 파트너를 찾고 비즈니스를 확장하기 위해 가는 것이다.

명확한 목적의식 없이 교류 모임에 가게 되면 명함만 늘어날 뿐이다. 혹은 후일에 '좋은 인연에 감사드립니다', '앞으로도 잘 부탁드립니다'식의 별 도움이 안 되는 메일 교환으로 그치게 된다.

주말까지 반납해 가면서 열심히 움직였음에도 불구하고 지인은 늘었는데 실제 비즈니스 현장에서 차별화를 꾀할만한 인적 네트워크는 전혀 구축하지 못했다는 사실에 자괴감만 들게 된다. 이 어찌 시간 낭비가 아니겠는가?

따라서 그 모임이 지금 내가 꼭 참여해야 할 교류 모임인지를 생각해서, '인맥이 늘면 좋겠다'거나 '같은 목적을 가진 동료가 있어서 즐겁다' 식의 교류 모임에는 일찌감치 졸업하는 것이 좋다.

'교류 모임에 참가해서 좋은 성과를 거두는 방법으로는 개인 명함을 만들어서 그것으로 일감을 얻는 것이다. 즉 타업종 교류 모임을 부업(副業)의 영업활동 장소로 활용하는 것이다. 회사의 이름이 아니라 자기 개인의 명함으로 약속을 잡는 것이다.

그렇게 되기 위해서 자신은 무엇을 어필할 수 있는지, 다른 사람과 차별화되는 무엇을 제공할 수 있는지를 생각해야 한다. 그렇게 해서 일을 따낼 수 있게 되면 회사에 의지하지 않고 살아갈 수 있는 기초가 된다.

회사에서 쫓겨나도 자신의 힘으로 돈을 벌 수 있고 혹은 연봉이 깎이지 않고 이직할 수 있다면 인생에 있어서 불안 요소 중 하나가 없어진다. 또 순수하게 '가치를 창출하는' 일에 전념할 수 있고 인생을 즐길 수 있게 된다.

그것이 '자신의 프라이드로 승부한다.'는 것이다.

돈에 감사하자!

'돈벌이'라는 말에 왠지 모를 부정적인 이미지를 가진 사람이 있는 것 같다. 하지만 돈을 번다는 것은 사실 무척 고귀한 행위라고 할 수 있다.

돈벌이의 원칙은 '가치를 제공하고 상대를 기쁘게 만들어 그 사례로서 대가를 받는'일이다.

따라서 상대방에게 많은 기쁨을 줄수록 많은 돈이 들어온다. 즉 돈이란 타인으로부터 받는 '감사함'의 축적인 것이다.

반대로 말하면 상대를 기쁘게 만들 수 없는 기업에는 돈이 모이지 않는다. 따라서 돈을 못 버는 것은 상대를 기쁘게 만들지 못했다는 말이 된다.

돈 버는 것에 비판적인 시선을 보내거나 인생에 돈이 전부가 아니라고 생각하는 사람은 남들에게 기쁨을 줄 자신이 없어서 자신이 돈 벌지 못하는 것을 정당화시키는 것뿐이다.

따라서 앞으로는 당당하게 돈을 벌도록 하자. 돈을 버는 것은 축복인 것이다.

투자를 안 하고 사는 방법도 있다

서점에 가보면 자산운용 지침서가 넘쳐나고 있는 것으로 보아 세상은 아직도 자산운용을 중시하는 경향이 있는 것 같다. 이 책도 그중 하나라고 할 수 있다.

투자는 일과 마찬가지로 학습과 경험을 축적함으로써 어느 정도 이익을 낼 수 있다. 하지만 필자는 모든 사람이 다 투자를 해야 한다고는 생각하지 않는다.

일정의 확률로 복권에 당첨되는 사람이 있듯이 몇 백만 명의 사람들이 금융 거래에 참여하고 있는 이상 일정 확률로 크게 버는 사람이 반드시 나온다. 대중매체는 그런 소수의 승자를 찾아내서 책으로 내거나 기사화하기도 하지만 사람에게는 '적성'이라는 것이 있다. 그것은 능력의 문제가 아니라 가치관과 라이프 스타일이 다를 뿐이다.

필자가 부동산을 중심으로 운용하고 있는 것도 주가가 폭락할 때 사들이는 것도 본업에 집중하고 싶기 때문이다. 또 시세변동에 일희일비하는 것이 바보스럽게 느껴지고 종목 서치에 시간을 들이는 것에 의미를 느끼지 못하기 때문이다.

필자는 기본적으로 투자를 추천하는 쪽이지만, 자금을 운용하는 사람은 현명하고 아무것도 하지 않고 은행에 예금으로 넣어두는 사람이 어리석다고 생각하지 않는다. 오히려 본업과 비교할 때 투자의 우선순위는 꽤 낮추어야 한다고 생각하는 편이다.

일본인의 리스크 자산에 대한 투자가 미국인과 비교했을 때 적은 이유가 경제 분야에 대한 지식과 능력이 부족하기 때문이라는 지적도 있지만, 당사자인 미국인들이 최근 일련의 경제 붕괴 사태를 통해 얼마만큼의 타격을 받았는지는 잘 알고 있을 것이다.

따라서 '투자를 하지 않는 것이 좋다'는 조언도 필요한 것 같다. '금융상품에는 손을 대지 않겠다'는 판단이나 라이프 스타일도 있다. 굳이 리스크를 감수하면서까지 돈을 움직이지 않아도 자신이 일해서 벌고 저축해서 대비하는 쪽을 더 현실감 있게 느끼는 사람도 있을 것이다.

또 노후를 풍요롭게 살기 위해 퇴직금을 운용하라는 것도 부적절한 조언이 아닐까 생각된다. 아직 일을 통해서 얼마든지 회복할 수 있는 젊은 층과 비교해서 손실을 되돌릴 시간이 그리 많지 않은 노년층에게는 노후의 소중한 자금을 리스크를 감수하면서까지 자금 운용을 할 가치가 과연 있을까?

'연금도 줄어들기 때문에 일을 해서 저축하는 것만으로는 충분치 않다'는 의견도 있다. 하지만 정년퇴직을 하면 모든 것에서 은

퇴해서 다시는 일을 하지 않는다는 구시대적 발상에서 오는 사고방식이다. 회사의 제도에 자신의 인생을 맞출 필요는 없다. 따라서 일할 수 있을 때까지 계속 일을 하는 선택지도 있는 것이다.

이렇게 말하면 '늙은 몸뚱아리에 채찍질을 가해서 일이라도 하라는 것인가?'라고 말하는 사람이 있을지 모르겠지만 그것은 일의 본질을 잘못 알고 하는 말이다.

원래 일을 해서 돈을 버는 것은 '가치를 제공해서 감사를 받아들인다'고 하는 고귀한 행위다. 또 일이라는 것은 원래 즐거운 것이기 때문이다.

은퇴가 꿈이라니, 꽤 스케일이 작은 인생이 아닌가?

사람은 한 가지 일에 열중하면 시간을 잊고 몰두하게 된다. 그렇게 일을 열심히 하다가 '문득 정신을 차려보니 돈이 불었네?'라는 것이 이상적인 삶이라고 필자는 생각한다.

6장_돈을 지키는 재능

돈의 재능을 연마하기 위한 팁

1. 과세 메커니즘을 이해한다
2. 회계를 모르는 사람이 현금 부자를 낳는 시스템
3. 적법(適法)과 위법(違法) 사이의 광활한 그레이존(gray zone)을 활용하라
4. 개인의 조세피난처(Tax Haven) 시스템을 만든다
5. 이권(利權) 세계로 가는 여권을 만든다
6. 부동산이 절세(節稅) 머신으로 기능한다
7. 벤츠로 등,하원 시키는데 보육원비가 무료라고?
8. 부동산 투자는 부자만의 특권이 아니다
9. 상속할 때 유용한 팁

택스(Tax) 시스템을 이용한다

1. 과세 메커니즘을 이해한다

개인의 소득에 부과되는 소득세는 누진세율이기 때문에 돈을 벌면 버는 만큼 높은 세금이 부과된다.

따라서 자산을 지키기 위해서는 합법적인 절세를 통해 캐시아웃(cash out, 자산의 현금화)을 최소화할 필요가 있다. 즉 자산 지키기에 필요한 지식 중 하나는 세금인 것이다.

물론 세세한 것은 세무사 같은 전문가에게 맡기면 되지만, 과세의 메커니즘을 알아두면 전문가와 대화할 때는 물론 자산을 지키는 데도 도움이 된다.

외국계 회사에서 연봉 3억 원을 받는 필자의 친구(전업주부인 아내와 자녀 한 명)는 연간 7천만 원의 소득세와 2천 5백만 원의 주민세를, 합계 9천 5백만 원의 세금을 내고 있다. 일단 보험료를 제외하면 3억 원을 벌어도 실수령액은 2억 5백만 원으로 1억 원가량 줄어든다.

하지만 같은 연봉이라도 가령 필자의 경우는 소득세가 '0'이고 주민세는 연간 100만 원이기 때문에 실수령액은 2억 9천9백만 원으로 9천4백만 원의 차이가 생긴다.

왜 이런 일이 일어나는 것일까?

사실 샐러리맨은 과세 면에서는 압도적으로 불리한 고용 형태를 지닌다. 왜냐하면, 회사가 국가 대신 원천징수를 하고 연말 정산함으로써 개인이 세금을 통제할 수 없기 때문이다.

이것은 국가에는 매우 편리한 제도로, '취할 수 있는 곳에서 취한다.'라는 과세 원칙으로 볼 때 샐러리맨이야말로 최고의 먹잇감인 것이다. 게다가 아무도 불만을 제기하지 않으므로 양계장의 달걀처럼 쉽게 세금을 징수할 수 있다. 그에 비해 자영업자나 법인 오너는 과세의 구조를 잘 활용해서 그 혜택을 충분히 받고 있다.

2. 회계를 모르는 사람이 현금 부자를 낳는 시스템

개인사업자와 중소기업 경영자가 결산 때 적자가 나면 현금 부자가 되는 아이러니한 현상이 벌어진다.

일반적인 상식으로는 흑자는 돈을 버는 것이고 적자는 돈을 못 버는 것으로 알고 있는데 현실은 그렇게 단순하지 않다. 물론 돈을 너무 많이 벌어서 어쩌지 못하는 경우는 예외로 하더라도 똑같은 매출이라면 적자 쪽이 더 돈을 번다.

여기에는 두 가지 큰 계략이 있는데 다음과 같은 것들이다.

- **산입**(算入)**할 수 있는 경비의 차이**
- **회계상의 손익**(엄밀하게는 과세소득)**과 캐시플로우**(현금 흐름)**의 차이**

세금은 매출에서 경비를 뺀 이익(과세소득)에 대해 세율을 곱해서 세액이 결정된다. 샐러리맨도 기본적으로는 같지만, 급여소득은 자동으로 정해져 있다. 여기에서 의료비 공제나 부양가족 공제 등의 소득공제를 뺀 소득에 대해서 세율이 곱해진다. 주민세도 소득에 대해서 세율을 곱해서 정해진다. 즉 세금을 줄이려면 소득을 낮추면 된다.

개인자영업자와 중소기업 오너의 최대의 메리트는 과세소득

계산에 개인의 생활비를 넣을 수 있다는 것이다. 샐러리맨은 세금을 뺀 나머지 돈으로 커피를 마시거나 노트북을 사거나 해야 하지만, 자영업이나 법인이라는 형태를 이용하면 이것을 전부 경비로 처리할 수 있고 그것을 뺀 나머지 금액에서 세금을 내면 되는 것이다.

3. 적법(適法)과 위법(違法) 사이의 광활한 그레이존(gray zone)을 활용하라

가령 여러분은 회사 일과 무관한 이 책을 사기 위해서 일정 금액을 치렀을 것이다. 그러면 이 책값을 경비로 처리할 수 있는가? 또는 가족이 하와이 여행을 다녀왔는데 그 여행비용을 경비로 처리할 수 있는가?

샐러리맨이라면 할 수 없지만 개인사업자나 중소기업의 사장이라면 가능하다.

예를 들면, 책을 구매하고 '업무에 관련된 글을 쓰기 위해서 샀다'라는 설명이 가능하면 경비로 처리된다. 또 가족과 하와이에 갔는데 사업 시찰이 주된 업무이고, 비즈니스 상담 후의 파티에서 '가족동반이 불가피'해서라면 이것도 필요경비로 처리할 수 있다.

다시 말해서 '사업에 필요한 경비'라는 것을 설명할 수 있으면 원칙적으로 전액을 경비로서 처리할 수 있다. 단, 교제비나 거짓이 명백한 경비는 제외된다.

그렇다면 이것이 과연 탈세 행위일까?

사실을 알고 있는 사람은 본인 밖에 없으므로 세무서 직원은 진실을 알 도리가 없다. 본인의 주장에 합리성이 있다면 세무서는 이를 거역할 명분이 없는 것이다. 즉 합법이 되는 것이다. 바로 여기에 탈세와 절세 사이에 광활한 그레이존이 존재한다는 것을 깨닫게 될 것이다.

◆세금의 그레이존을 활용한다

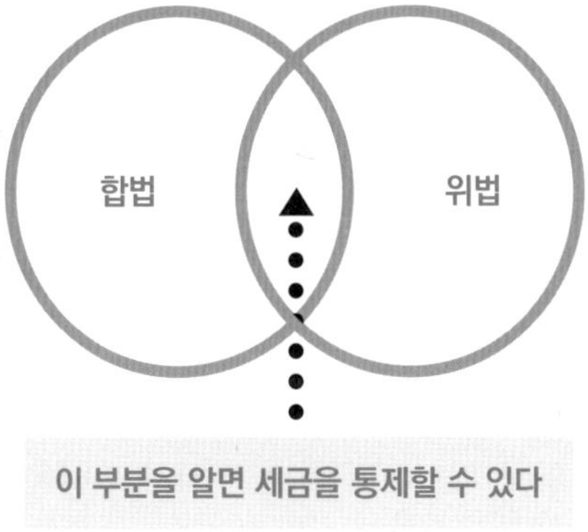

4. 개인의 조세피난처(Tax Heaven)***** **시스템을 만든다**

앞에서 언급한 그레이존을 활용해서 '이권(利權) 세계'로 발을 들여 놓아보자.

왜 굳이 '이권 세계'라는 표현을 썼는가 하면 세금 시스템은 세계가 공통으로 부자와 정치가에게 유리하게 되어 있기 때문이다.

따라서 이권의 혜택을 누리기 위해서는 '자영업자'가 되거나 '개인법인'을 만들어야 한다.

의사나 연예인, 스포츠 선수 등도 자기 법인을 소유해서 절세를 효율적으로 하고 있다. 연봉이 몇 억이 되어도 세금을 거의 안 내는 사람도 있다. 고액납세자 반열에 오르면 절세에 실패한 사람이라는 인식이 있을 정도이다.

*Tax Heaven(조세피난처)
보유하고 있는 주식의 주가가 하락했을 때 더 사서 매입 원가를 낮추는 것.

5. 이권(利權) 세계로 가는 여권

가령 직장에 다니면서 비즈니스 서적의 저자로 활동을 하는 경우, 인세 수입에서 '서적 집필과 판매에 필요하다'라는 설명이 가능하면 경비로 처리할 수 있다. 원고를 쓸 때 필요한 노트북 비용, 문구비, 참고서적 구입비, 글을 쓸 장소로 이용한 카페 이용 비용, 자료조사를 위한 출장비, 편집자와의 교제비 등이다.

일반 회사원이라면 세금을 뺀 나머지 돈으로 이 모든 경비를 지출해야 하지만 꾸준히 나오는 부수입이 있으면 그런 경비도 세금

계산에 넣을 수 있다. 그렇게 해서 인세수입보다 더 많은 경비가 계상되면 사업소득은 적자가 된다. 사업소득은 종합과세이기 때문에 급여와의 손익통산이 가능하다. 즉 급여소득이 5천만 원이고 사업소득이 천만 원 적자이면 손익통산해서 자신의 소득은 4천만 원이 된다. 회사에서는 5천만 원의 소득에 대해서 원천징수되지만, 원래는 4천만 원에 대해서 세금을 냈어야 하므로 세금이 줄어드는 것이다.

즉 원천징수에서 과잉으로 부과된 부분을 환급받고, 다음 해의 주민세도 인하되어 결과적으로 수입이 늘어나게 된다.

이 방법은 어필리에이트(affiliate, 성과보수용 광고)나 통신판매(전자상거래)와 같은 부업으로도 가능하다.

6. 부동산이 절세(節稅) 머신으로 가능한다.

왜 부자들은 부동산을 사서 남들에게 임대 주는 걸까? 운용과 절세가 동시에 양립하는 뛰어난 자산이기 때문이다.

임대 수입이 증가하면 세금도 따라 올라서 결국 생각만큼 소득이 없는 것이 아닐까 걱정하는 사람이 있을지도 모르겠다.

사실 '회계상의 이익'과 실제 '현금 흐름(cash flow) 상의 수익'은 다르기에, '임대 수입 증가'가 반드시 '세금 증가'와 일치하지는 않는다. 오히려 그 반대로 물건의 선택과 구매 방식에 따라서는 엄청난 절세 효과를 누릴 수 있다. 그 이유는 감가상각비라는 캐시 아웃(cash out)을 동반하지 않는 경비를 계상할 수 있기 때문이다.

전문적인 설명을 곁들이자면 부동산 투자의 경우, 순수한 돈의 흐름인 캐시플로우는 흑자여도 회계상으로는 적자를 내서 소득을 낮게 잡아 세금을 줄일 수 있다.

7. 벤츠로 등,하원 시키는데 보육원비가 무료라고?

보육원에 벤츠로 자녀를 등,하원 시키는 모습을 보면 대개 부자일 것으로 추측한다.

나라에서 인가한 보육원의 보육비는 통상 전년도에 낸 소득세 금액에 따라 달라진다. 납세한 세금이 많으면 보육원비가 비싸고 적으면 싸다는 구조이기 때문에 단순히 생각하면 부자는 비싼 비용을 내고 있다고 생각하기 마련이다.

하지만 그들 중에는 보육원비를 거의 내지 않는 사람이 있다는 것을 알고 있는가?

일본의 경우, 보육원비는 지자체에 따라 다르지만 한 곳의 예를 들어보면, 월 5만 원부터 시작해서 위로는 월 60만 원까지 큰 폭으로 차이가 난다. 이 정도의 차이가 생기면 가계에 미치는 영향도 상당히 달라진다.

가령 일반 샐러리맨의 경우는 개인적으로 납세액 조정이 안 되므로 비싼 보육원비를 내야 한다. 하지만 고소득자인 개인사업자들은 앞에서 예로 든 방법(개인자영업자 · 법인 · 부동산 투자)을 이용해서 소득세를 낮게 잡을 수 있으므로 보육원비를 싸게 낼 수 있다. 이렇게 해서 그들은 점점 더 부자가 되는 것이다.

또 임대공영주택의 집세도 수입이나 소득에 따라서 변동하는 구조로 되어있다. 따라서 임대공영주택은 고소득의 샐러리맨은 들어갈 수 없는데도 버젓이 싼 집세로 사는 부자들이 꽤 있다.

8. 부동산 투자는 부자만의 특권이 아니다

프로 스포츠 선수와 연예인에게 부동산 투자가 인기가 높은 이유는 무엇일까?

돈을 벌 때는 세금으로 떼이고, 현역 생명은 짧은 데다 돈벌이가 없을 때는 생활 대책이 서지 않는 불안정한 직업상, 벌 때는 절세를 하고 벌이가 없을 때는 임대 수입으로 생활을 지탱할 수 있는 유리한 상황으로 변환시켜 주는 도구가 바로 부동산이기 때문이다.

그러나 부동산 투자는 그런 고액소득자만의 특권이 아니다. 샐러리맨도 같은 방법으로 부동산 투자를 통해서 돈을 벌 수 있다.

자신의 급여명세서를 한번 살펴보기 바란다.

'원천소득세'와 '주민세'의 금액을 더하면 얼마가 되는가? 샐러리맨이라면 별로 의식할 일이 없을지 모르겠지만 꽤 많은 편이다.

하지만 부동산 투자를 통해서는 환급금, 즉 1년에 또 한 번의 보너스가 덤으로 생기고 주민세가 줄면 매달 들어오는 돈이 늘어난다. 즉 이중으로 절세 메리트를 얻을 수 있다.

그렇게 해서 돈을 벌자마자 소득세와 주민세로 국가에 바치는 수탈 시스템에서 벗어나 스스로 노동의 대가를 최대화하기 위해 개인의 조세 피난처 시스템을 만드는 것이다.

이제 '이권 세계로 발을 들여 놓는다'는 의미를 알게 되었으리라 생각한다. 따라서 샐러리맨도 부동산과 부업을 통해 얼마든지 상당액의 자산을 소유할 수 있다.

9. 상속할 때 유용한 팁

부자들은 상속에 대한 대책을 미리 세워서 자산을 지킬 필요가 있지만 실제로는 상속세와 무관하게 지내는 사람들이 훨씬 더 많다. 그 이유는 기초공제가 매우 크기 때문이다.

기초공제란, 5천만 엔 + 천만 엔 × 법정상속인의 수로 산출한 과세 계산에서 제외되는 금액을 말하는데 모든 상속인에게 적용된다.

가령 남편이 사망하고 부인과 자녀 두 명이 있다고 하면, 8천만 엔(5천만 엔 + 천만 엔 × 3)의 기초공제를 받을 수 있어서 상속 재산이 평가액으로 8천만 엔이 넘지 않는다면 상속세는 '0'이 되므로 신고할 필요도 없다. 만약 1억 엔의 재산이 있다면 8천만 엔을 초과한 2천만 엔에 대해서만 과세가 된다. 참고로 이 경우의 상속세는 백만 엔이다.(일본 상속세의 경우)

과세할 만큼의 상속 재산이 없다고 해서 나와는 상관없는 얘기라고 생각하면 오산이다.

상속세는 발생하지 않아도 상속의 순간은 반드시 찾아오기 때문이다. 가장 골칫거리는 상속인끼리 의견 차이로 분쟁이 발생하는 것이다. 자녀에게 상속할 타이밍이 왔을 때 자녀가 서로 다투게 되는 사태는 피해야 한다. 따라서 기초적인 지식은 가지고 있는 것이 좋다.

여기에서 자세하게 언급할 수는 없지만, 가령 임대용 부동산을 사 놓는다거나 가족을 주주(株主)로 한 법인을 만들어서 자산을 모두 법인 명의로 해서 소유하는 방법 등이 있다.

이 책을 끝까지 읽어주신 독자 분들께 진심으로 감사드립니다. 어떻게 읽으셨는지 궁금합니다.

'이런 것은 보통 사람에게는 힘들어'라고 느끼신 분도 계실 것입니다. 하지만 도대체 어디의 누가 여러분을 '보통 사람'으로 정의 내린 것일까요? 우리는 종종 자신의 한계를 멋대로 규정해 버리는 오류를 범하곤 합니다. 또 스스로 자신의 틀을 만들어 놓고 그 틀을 벗어난 정보는 차단하고 있습니다.

사내 회의에서, "오랜 기간 이 방식으로 해 왔으니 지금까지 했던 대로 해도 되겠지요?"라고 말하는 사람이 있는가 하면, "오랜 기간 이 방식으로 해 왔으니 이제 새로운 방식에 도전해볼까요?" 라고 말하는 사람도 있습니다.

이 두 사람의 의견이 다 옳을 수 있습니다. 그렇다면 더 큰 가능성으로 확장하는 쪽은 어느 쪽일까요?

미국의 링컨 대통령은 이런 말을 했다고 합니다.

"여러분이 '할 수 있다'고 생각하건 '할 수 없다'고 생각하건 다 옳다고 할 수 있습니다."

'할 수 있다'고 생각하는 사람은 무언가를 해 보려고 시도합니다. 그래서 그 행동이 자신을 변화시키고 자신을 둘러싼 환경을 변화시킵니다. 하지만 '할 수 없다'고 생각하는 사람은 아무 시도도 하지 않기 때문에 현재의 환경이 영원히 변하지 않는 것입니다.

제 말이 지나치게 이상론적이라고 생각하시는 분이 분명히 계실 것입니다. 하지만 이상을 갖고 사는 것과 처음부터 포기하고 사는 것과는 결과가 매우 다르다는 것에 이론을 제기할 사람은 아마 없을 것입니다.

꿈을 향해 달리고 있을 때가 가장 즐겁다고 누군가가 말했습니다. 인간이 가장 충족감을 느끼는 것은 무언가를 이루어 내기까지의 그 과정에 있기 때문입니다.

한번 사는 인생, 이왕이면 높은 이상을 품고 꿈을 향해 질주하지 않으시겠습니까?

『돈의재능』은 출간 당시 일본에서 머니북(Money Book) 분야 최고의 베스트셀러입니다. 이 책은 『부의 추월차선』 저자 고도 토키오가 33세에 3억 엔을 만든 5가지 돈 관리법, 「모으다」「늘리다」「벌다」「사용한다」「컨트롤」를 통해서 돈을 관리하는 법을 제시하는 책입니다. 사회 초년생이나 그 동안 돈에 대한 문해력이 없는 분들이 곁에 두고 되새김하며 읽어 보기를 권합니다. 평생 돈에 곤란하지 않고 풍부하게 살기위한 인생 전략서입니다. 아무쪼록 이 한권의 책이 당신의 돈에 대한 사고와 행동력을 변화시키는데 도움이 되었으면 좋겠습니다. 한 단계 위로 올라가기 위한 '돈의재능'을 통해서 당신의 수입을 지속적으로 늘리고 재산을 불리는 계기가 되길 바랍니다.

저자 프로필_고도 토키오(午堂登紀雄)

1971년 오카야마 현(岡山縣) 출생. 추오대학(中央大學) 경제학부 졸업. 미국공인회계사. 대학 졸업 후 도쿄의 회계사무소에서 기업의 세무 및 회계 지원 업무에 종사했다. 대형 유통기업의 마케팅 부문을 거쳐 세계적인 전략 컨설팅 회사인 아서 D. 리틀(Arthur D. Little)에서 경영컨설턴트로 활약하고 있다.
IT · 정보통신 · 유통 · 금융을 비롯한 국내외 대기업에 대한 경영과제 해결과 사업전략 제안, M&A, 기업 재생 지원 등 많은 활동을 이어갔다.
2006년에 주식회사 프리미엄 인베스트먼트 & 파트너스를 설립하여 현재는 부동산 투자 컨설팅을 하면서 커리어 플랜, 비즈니스 스킬 업, 자산운용에 관한 세미나와 강연을 하며 기업연수, 집필 등에도 열정을 기울이고 있다. 그 외에 복수의 사업에 출자하는 투자자로서도 활동 중이다.

저서로는, 『33세에 자산 3억 엔을 만드는 방법』, 『30대의 차별화 인생 전략 노트』, 『머리 좋게 돈 쓰는 법』, 『뇌를 가시화하는 사고 노트』, 『뚫어본다! 시간사고술』, 『현실적 낙천주의자』, 『바로 지금! 사이다 발언이 필요한 타이밍』, 『혼자서도 강한 사람』, 『우리 아이 부자 체질 만드는 엄마의 사소한 행동』, 『시간관리 스킬』, 『부의 추월차선』, 『결단의 힘』등이 있다.

역자 프로필_한은미

일본에서 중학교에 다녔고, 이화여자대학교 사학과를 졸업하였다. 현재 일본어 번역과 일본어 강사 등 일본어와 일본 문화를 알리는 일에 전념하고 있다.
옮긴 책으로는, 《부의 추월차선 직장인 편》, 《템플릿 글쓰기》, 《스토리텔링 7단계》, 《나를 사랑하는 법》, 《도련님》 등 50여 권이 있다.

돈의 재능

초판 1쇄 인쇄 2022년 03월 15일
초판 1쇄 발행 2022년 03월 20일

지은이 | 고도 토키오
옮긴이 | 한은미

펴낸이 | 정 욱
펴낸곳 | 도토리하우스
디자인 | 황보라

주소 | 10384 경기도 고양시 일산서구 킨텍스로 284 (1906-101)
전화 031-921-3773 팩스 0504-234-3773 이메일 dotorihouse21@naver.com
출판등록 2018년 01월 08일 제 2018-000005호

ISBN 979-11-963241-4-8 (13320)

※책값은 표지의 뒤쪽에 있습니다.
※잘못된 책은 구입하신 서점에서 교환해 드립니다.

도토리하우스(DOTORIHOUSE)는 현대인의 지적 교양을 추구하는 출판사입니다.
독자 여러분의 참신한 아이디어와 원고 투고를 항상 기다리고 있습니다.
간단한 개요와 취지, 연락처를 메일로 보내 주시면 연락드리겠습니다.